内蒙古自治区
第三次全国文物普查新发现

内蒙古自治区第三次全国文物普查领导小组办公室　编

文物出版社

封面设计：张希广
责任印制：陆　联
责任编辑：冯冬梅

图书在版编目（CIP）数据

内蒙古自治区第三次全国文物普查新发现 / 内蒙古自治区第三次
全国文物普查领导小组办公室编. —北京：文物出版社，2011.1
ISBN 978-7-5010-3055-2

Ⅰ.①内…　Ⅱ.①内…　Ⅲ.①文物—考古发现—内蒙古
Ⅳ.①K872.26

中国版本图书馆 CIP 数据核字（2010）第 202713 号

内蒙古自治区第三次全国文物普查新发现

内蒙古自治区第三次全国文物普查领导小组办公室　编

*

文 物 出 版 社 出 版 发 行

（北京东直门内北小街 2 号楼　100007）

http://www.wenwu.com

E-mail: web@wenwu.com

北京盛天行健印刷有限公司印刷

新 华 书 店 经 销

787×1092　1/16　印张：11

2011 年 1 月第 1 版　2011 年 1 月第 1 次印刷

ISBN 978-7-5010-3055-2　定价：120 元

《内蒙古自治区第三次全国文物普查新发现》编辑委员会

主　任：王志诚

副主任：安泳锝　塔　拉　王大方

委　员：陈永志　曹建恩　张文平　陶明杰　张海斌　李雪飞
　　　　王瑞金　肖海昕　孟建仁　宇　彤　王维国　胡晓农
　　　　胡延春　窦志斌　巴戈那　王佩芬　吴钦英

主　编：张文平

编　辑：胡春柏　张志凤

古墓葬

前　言

第三次全国文物普查是国务院部署的重大国情国力调查，是当前我国最大规模、最首要的文化遗产保护工程，对我国文化遗产保护事业和经济社会发展全局具有重要意义。

2006年，内蒙古自治区被国家文物局确定为第三次全国文物普查试点单位。为此，自治区文化厅、文物局在自治区文物考古研究所成立了全区第三次文物普查办公室，组织领导普查试点工作。鉴于我区地域广阔，从东到西在自然环境、文博工作基础等各方面存在较大差异，所以试点分别选在位于自治区东部、中部、西部的赤峰市、呼和浩特市、阿拉善盟同时进行。2006年2月底至3月初，全区第三次文物普查办公室组织举办了"内蒙古自治区第三次全国文物普查试点学员培训班"，对试点单位的业务骨干进行了专门的培训。全区第三次文物普查办公室为各试点单位配备了台式电脑、光学相机、数码相机和GPS定位仪等设备。各旗县政府在财政普遍紧张的状况下，都划拨了数额不等的普查专项经费。在2006年的试点工作中，3盟市所辖24个旗县共组建了21支普查队伍，动用人力约2万人次，普查面积约16万平方公里，普查不可移动文物点3841处，其中复查2068处，新发现1773处。与第二次文物普查相比，文物点数量将近翻了一番。

2007年4月4日，国务院下发了《关于开展第三次全国文物普查的通知》（国发〔2007〕9号），成立了国务院第三次全国文物普查领导小组及办公室。6月4日，自治区政府转发《国务院关于开展第三次全国文物普查的通知》，并正式成立了自治区第三次全国文物普查领导小组及办公室，由原自治区副主席罗啸天担任组长。在自治区文物考古研究所设立了自治区"三普"项目办公室，负责普查的具体业务工作。随后，12个盟市及所辖旗县都陆续成立了本级第三次全国文物普查领导小组及办公室，普查组织机构全面落实。

同年5月，国家文物局在郑州举办了第三次全国文物普查培训班，自治区普查办派出5名学员参加了此次培训。7-8月，自治区普查办先后在赤峰市、包头市举办了三期普查培训班，对全区12个盟市分管文物工作的文化局副局长、文物科科长及101个旗县普查办的业务骨干进行了培训。培训的内容，主要讲解第三次全国文物普查的意义和重要性、第三次全国文物普查的相关标准规范、田野考古的基础知识，以及数码相机、GPS定位仪等设备的使用。此次面向全区普查骨干力量的培训，为开展普查工作奠定了必要的基础。

按照国家文物局《第三次全国文物普查实施方案》的部署，2007年10月至2009年12月为普查的第二阶段，即以县域为基本单元，实地展开文物调查工作。2009年是全区"三普"田野调查任务最为繁重的一年，各盟市、旗县政府逐级签定了"三普"责任状。考虑到我区地广人稀、交通不便，自治区普查办为各旗县普查队、普查组配备了普查专用车辆，极大地提高了田野调查工作效率。在全区各级政府和普查办领导的支持下，通过一线普查队员的艰苦努力，自治区在2009年12月底前按时完成了全区118.3万平方公里的野外调查任务。

2009年9月15日，国家文物局"三普"办公室下发了《第三次全国文物普查实地文物调查阶段验收指导意见》，要求各省、自治区、直辖市组织对所辖县域的第三次全国文物普查实地文物调查的阶段工作进行验收。10月，全区的"三普"验收工作率先在鄂尔多斯市乌审旗进行。2010年4月29日，自治区"三普"验收工作以乌兰察布盟所辖11个旗县全部通过验收而告终。

2010年9月5日，自治区普查办与国家文物局数据中心进行了全区第三次全国文物普查电子数据的交接仪式。9月9日，全区第三次全国文物普查实地文物调查阶段工作顺利地通过了国家文物局的整体验收，并受到了验收组领导和专家的一致好评。

内蒙古自治区共辖地市级行政区域12个，县级行政区域101个。截止2010年4月30日，各级普查办人员合计629人，一线普查队员662人，全区累计到位文物普查经费3546万元（不含中央财政补助经费）。全区共调查登记不可移动文物21673处，其中新发现11998处，复查9675处；从文物类别上看，古遗址15270处，古墓葬3281处，古建筑485处，石窟寺及石刻478处，近现代重要史迹及代表性建筑1831处，其他328处；登记消失文物1727处。

内蒙古自治区地处我国的北部边疆，先后有匈奴、东胡、鲜卑、契丹、蒙古等多个北方民族在这里生息繁衍，他们同汉族人民一起创造了精彩纷呈、独具特色的草原文明。从旧石器时代延续至清代的丰富的地下文物见证了草原文明的源远流长，散落在阴山一线的历代岩画彰显了游牧民族的艺术特色，以"呼伦贝尔市中东铁路遗址群"和"内蒙古东部区侵华日军东北军事要塞旧址群"为代表的一批近现代重要史迹及代表性建筑，承载了中华民族一段沉重的回忆。本书挑选了其中具有代表性的新发现144处，其中包括古遗址41处、古墓葬22处、古建筑8处、石窟寺及石刻20处、近现代重要史迹及代表性建筑53处，涵盖了从旧石器时代至近现代的各类优秀文化遗产。

如前所述，我区的"三普"工作自2006年试点以来，已经取得了阶段性的成果。《内蒙古自治区第三次全国文物普查新发现》的出版，旨在将此次文物普查的成果惠及大众，以回报社会各界、各条战线上的朋友对"三普"工作的热情支持，并慰藉那些为"三普"工作付出辛勤和汗水的新、老两代文博工作者。

内蒙古自治区第三次全国
文物普查领导小组办公室
2010年9月

内蒙古自治区第三次全国文物普查新发现

乌兰木伦遗址

乌兰木伦遗址全景（由东向西摄）

乌兰木伦遗址位于鄂尔多斯市伊金霍洛旗哈巴格希乡康巴什村康巴什五队康巴什 2 号桥东 0.3 公里处。发现于 2010 年 5 月，7 月对遗存暴露部分进行了简单清理。遗址东西长 500、南北宽 20 米，面积 1 万平方米。地层中存在多层河湖相和三角洲相沉积，出土打制石器 1000 余件。石制品大体可分为石核、石片、工具三大类，工具中多数为刮削器。此外，出土大量披毛犀、野马、鹿等古生物化石。遗址年代为距今 4 万年前的旧石器时代。该遗址对于研究当地的古地质、古气候、古人类、古生物等，均具有重要的价值。

文 / 摄影：鄂尔多斯青铜器博物馆 甄自明

乌兰木伦遗址远景（由南向北摄）

乌兰木伦遗址出土石器和化石的分布情况

乌兰木伦遗址发现用火痕迹、炭屑和烧骨

乌兰木伦遗址出土打制石器

乌兰木伦遗址出土打制石器

乌兰木伦遗址出土打制石器

乌兰木伦遗址出土披毛犀牙齿化石

西湾子遗址

西湾子遗址远景

西湾子遗址近景

　　西湾子遗址位于赤峰市克什克腾旗芝瑞镇西湾子村北 200 米的台地上，北距西拉木伦河 5 公里。遗址分布于横贯台地的漫坡上，呈不规则长方形，东西长约150、南北宽约 70 米，总面积约 1万平方米。遗址中部有两处方形建筑基址，均用石块垒砌，东西长15、南北宽 10、残高 1 米，面积约150平方米；北端靠近山根处有多处近圆形的石堆，直径 2 米左右。地表遗物丰富，有夹砂褐陶戳刺纹陶罐残片、夹砂褐陶交叉几何纹陶片、夹砂褐陶"之"字纹陶片，还有方形石磨棒及半圆形石器等。根据地表遗物判断，该遗址属于兴隆洼文化遗存。

文／摄影：赤峰市克什克腾旗普查办

西湾子遗址采集的标本

头道杖房北 2 号遗址

头道杖房北 2 号遗址全景

头道杖房北 2 号遗址灰土圈

头道杖房北 2 号遗址地表遗物

头道杖房北 2 号遗址位于赤峰市翁牛特旗乌丹镇四道杖房村头道杖房自然村北的山坡上，南邻冲沟，东为耕地。遗址平面大体呈长方形，东西长300、南北宽250米，面积为7.5万平方米。遗址内可见多处不规则的灰土圈，直径约1.5～2.3米。地表散见石器、陶片等遗物。石器有磨制石器、打制石器、细石器三种，器形有磨棒、石耜、饼形器、刮削器等。陶片有泥质陶和夹砂陶两种，泥质陶胎质细腻，火候较高，陶色为红褐色，纹饰为"之"字纹，可辨器形为罐；夹砂陶胎质较粗，陶色为褐色、黑褐色，纹饰为"之"字纹、篦点"之"字纹、几何纹，可辨器形为罐、椭圆形罐、尊形器。根据地表遗迹、遗物分析，这是一处内含单纯的赵宝沟文化聚落址。

文／摄影：赤峰市翁牛特旗普查办

大庙南2号遗址

大庙南2号遗址位于赤峰市翁牛特旗广德公镇官井子村大庙自然村南一小山丘上，少郎河南岸，北面临耕地，西面为防风林，南面与低缓山丘相连。遗址现为耕地，平面大体呈不规则长方形，东西长60、南北宽40米，面积2400平方米。地表散见石器、陶片等遗物。陶器有泥质陶和夹砂陶两种，陶色为红色、黄褐色，纹饰有堆纹、"之"字纹，可辨器形有筒形罐、瓮、彩陶罐等。石器有打制石器、磨制石器、细石器三种，以磨棒、石铲、石核、石叶最为常见。此外，在该遗址上还采集红山文化兽面陶塑1件。陶塑仅存上部，残高9.1、宽13.6厘米，陶质为泥质红陶，器物整体为兽面，上部为平面，饰指甲纹代表毛发，近眼睛处隆起但已残缺，鼻部突起，鼻孔镂空，唇部上翘，呈弧形，在唇上部浮雕一颗獠牙，横长的大口下残存一颗门齿。该遗址保存较好，属新石器时代小河西文化、红山文化遗址。

文／摄影：赤峰市翁牛特旗普查办

大庙南2号遗址全景

大庙南2号遗址局部

大庙南2号遗址采集的陶塑正面

大庙南2号遗址地表遗物

魏家窝铺遗址

魏家窝铺遗址发掘现场

魏家窝铺遗址房址

魏家窝铺遗址出土遗物

魏家窝铺遗址出土圆底釜

魏家窝铺遗址位于赤峰市红山区文钟镇魏家窝铺村东北部平缓台地之上，遗址总面积约9.3万平方米，是一处保存较好、规模较大的红山文化早中期聚落址。2008年文物普查时发现。2009年7月，内蒙古文物考古研究所和吉林大学考古系联合对该遗址进行了发掘，揭露面积约5000平方米，共发现房址28座、灰坑83个、灶址3个、墓葬2座、沟1条。房址皆为圆角长方形半地穴式，面积8～60平方米不等，门道在南侧，大部分为生土居住面，瓢形灶多位于房址中部。灰坑一般为圆形筒状，也有椭圆形的。出土陶器有筒形罐、红陶钵、几何纹彩陶钵、斜口器等，石器有耜、锄、斧、刀、磨盘、磨棒等。

文／摄影：赤峰市红山区普查办

圆弹子山遗址

圆弹子山遗址远景

圆弹子山遗址局部

圆弹子山遗址位于赤峰市林西县新城子镇下场行政村半拉山自然村西南约2.5公里的缓坡台地上，东、西、北三面是连绵起伏的山丘，南距西拉木伦河约1.5公里。遗址总面积约4万平方米，地表沙化，文化层被扰乱，遗物暴露于地表。采集标本主要有石器和陶器残片。石器分打制石器和磨制石器两类，器形有石磨盘、磨棒、砺石、石耜、饼形器等。陶器有夹砂褐陶饰席纹器底残片、夹砂褐陶"之"字纹筒形罐口沿残片、泥质红陶钵口沿残片等。根据地表遗物分析，该遗址属于红山文化遗存。

文／摄影：赤峰市林西县普查办

圆弹子山遗址采集标本

转山子遗址

转山子遗址全景

转山子遗址局部

转山子遗址采集标本

转山子遗址位于赤峰市林西县新城子镇下场行政村下场自然村南约4公里处的缓坡上，南距西拉木伦河约3.5公里。遗址西面依山，东面较为开阔，总面积约1万平方米，地表不见遗迹现象，分布有石器、陶器等遗物。石器分打制和磨制两种，器形主要有石斧。陶器主要有素面泥质红陶钵口沿残片、泥质红陶壶口沿残片、夹砂褐陶饰弧线"之"字纹陶片、夹砂褐陶筒形罐底部残片，筒形罐底部饰有席纹。此外还采集到几块彩陶片，均为泥质红陶，表面磨光，施黑彩。根据地表遗物特征判断，这是一处红山文化遗址。

文／摄影：赤峰市林西县普查办

西固伦茫哈遗址

西固伦茫哈遗址地表

西固伦茫哈遗址采集的陶罐口沿残片

西固伦茫哈遗址位于通辽市科尔沁左翼中旗架玛吐镇西固伦茫哈嘎查西南 2.5 公里的沙坨子中。这里原来是一处很高的沙坨子，但由于植被遭到破坏，其外围已变成平坦的沼泽地。遗址大致呈长方形，东西长 90、南北宽 60 米，面积约 5400 平方米。地表散布有石器和陶片等遗物。采集标本有石磨盘、石磨棒、石镞和夹砂红褐陶饰"之"字纹的陶罐口沿残片、泥质红陶饰弧线"之"字纹陶片。根据地表暴露的遗物判断，这是一处内含单纯的红山文化遗址。

文／摄影：通辽市科尔沁左翼中旗普查办

西固伦茫哈遗址采集的遗物

枳机塔五社南梁遗址

枳机塔五社南梁遗址位于鄂尔多斯市达拉特旗展旦召苏木枳机塔村越家沟南1.5公里处。地势东高西低，面积约21万平方米。地表暴露灶坑三处。地表散布遗物丰富，有陶器、石器等。陶器主要有泥质红陶素面陶片、泥质红陶饰绳纹陶片、泥质红陶钵口沿残片、夹砂灰陶饰绳纹陶片、夹砂灰陶饰附加堆纹口沿残片、泥质红陶器底，可辨器形有喇叭口尖底瓶、红陶钵等。石器有石球、磨棒等。根据地表遗物初步分析，这是一处新石器时代属于仰韶文化序列的遗址。

文／摄影：鄂尔多斯市达拉特旗普查办

枳机塔五社南梁遗址灶坑

枳机塔五社南梁遗址灶坑

枳机塔五社南梁遗址灶坑

枳机塔五社南梁遗址采集的标本

枳机塔五社南梁遗址采集石器

杨家脑包后坡遗址

杨家脑包后坡遗址全景

杨家脑包后坡遗址采集标本

杨家脑包后坡遗址断面暴露的房址居住面

　　杨家脑包后坡遗址位于包头市石拐区杨家脑包村后坡，面积约 10 万平方米，地势东西高、南北低，呈缓坡状。文化层厚 0.5 ～ 0.7 米，地表散落有较多的陶片，以素面夹砂褐陶为主。从修梯田的断面上发现有几处半地穴房址，均已遭破坏。根据地表遗物判断，这处遗址属于仰韶文化海生不浪类型遗存。

　　　　文／摄影：包头市石拐区普查办

杨家脑包后坡遗址局部

马架子南房申遗址

马架子南房申遗址全景

马架子南房申遗址内围墙和灰土圈

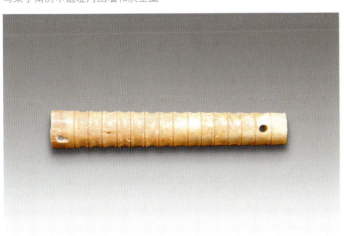

马架子南房申遗址采集骨管

　　马架子南房申遗址位于赤峰市敖汉旗四道湾子镇四德堂村马架子村民组西南2.5公里，当地人称"房申地"。

　　遗址南北长300、东西宽150米，面积约4.5万平方米。分为南、北两区。南区在一高平台地上，平面呈方形，地势高出周围2~3米。四周有围墙，东墙、北墙为土筑，墙体宽3~4、残高1~2米，外侧有围沟，宽4~6米；西墙、南墙为石砌，墙体宽2~2.5、残高0.5~1米。西墙和东墙各开一门，门址宽约4米。遗址内分布有成排的灰土圈，直径3~4米不等，呈东北—西南向排列，文化层堆积厚4~7米。北区分布于一平缓的坡地上，地表可见石堆多处，以及少数直径为2~3米的灰土圈。采集的标本有红山文化泥质红陶钵口沿残片、夹细砂红褐陶"之"字纹筒形罐腹部残片和残磨棒、石斧等；夏家店下层文化打制亚腰石铲、石杵和夹砂灰陶绳纹罐残片、鬲足；战国时期夹砂红褐陶饰绳纹的口沿残片、陶豆；辽代陶片、瓷片等。

　　该遗址文化堆积深厚，遗迹清晰，遗物丰富，包含了红山文化、夏家店下层文化、战国、辽代等多个时期的遗存。

　　　　　　文／摄影：赤峰市敖汉旗普查办

红光北遗址

红光北遗址位于赤峰市巴林左旗查干哈达苏木乌兰格日勒嘎查北10公里的一处较平缓的沙地上。遗址东西长约310、南北宽约200米，面积约为6万平方米。遗址地表可见辽代建筑基址，周围散布着夹砂红陶、夹砂灰陶"之"字纹陶片以及鬲足、器耳、口沿等陶器残片，还可见部分石器、铁器等。根据地表遗物及建筑遗迹分析判断，该遗址包含了夏家店上层文化和辽代两个时期的文化遗存。

文／摄影：赤峰市巴林左旗普查办

红光北遗址地貌

红光北遗址辽代建筑基址

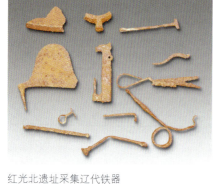

红光北遗址采集辽代铁器

红光北遗址夏家店上层文化陶片

红光北遗址地表遗物

双庙西北遗址

双庙西北遗址位于赤峰市林西县官地镇上官地行政村双庙自然村西北阳坡上，东距查干木伦河约2公里。遗址东、北、西三面环山，南面较开阔，面积约1万平方米。遗址大部已辟为耕地，东南部被村庄所占，地表遗迹被扰乱，可见石器和陶器等遗物。石器有磨棒、石斧。此外采集到巴林石石璧1件，圆形，中间有一对钻圆孔，外径2.5、孔径0.4厘米。陶器有夹砂灰褐陶和夹砂褐陶，陶质粗松，火候较低，内壁多呈黑色，纹饰有弦纹、竖篦点纹、篦点纹、指甲纹等，可辨器形主要是筒形罐。该遗址为一处新石器时代聚落址，具体文化属性尚难分辨。

文/摄影：赤峰市林西县普查办

双庙西北遗址全景

双庙西北遗址采集巴林石石璧

双庙西北遗址采集标本

烂城梁遗址

烂城梁遗址全景

烂城梁遗址位于鄂尔多斯市伊金霍洛旗纳林陶亥镇阿吉尔玛村一社东南1公里。遗址四周丘陵起伏，沟壑纵横，东侧为郁家沟，西约2公里为阿吉尔玛沟，南约2公里为书会川。遗址面积约1万平方米，文化层厚约0.5米。地表遗物密布，主要为陶器和石器。陶器以夹粗砂灰陶居多，纹饰以粗绳纹为主，也见篮纹，有粗绳纹鬲足、带錾鬲、錾耳，附加堆纹花边鬲口沿残片。石器有磨制石斧。根据地表遗物特征判断，该遗址的时代为新石器时代至商周时期。

文／摄影：鄂尔多斯市伊金霍洛旗普查办

烂城梁遗址断面

烂城梁遗址地表遗物

巴润扎哈吉林遗址

巴润扎哈吉林遗址采集的标本

巴润扎哈吉林遗址征集的袋足鬲

巴润扎哈吉林遗址位于阿拉善盟阿拉善右旗雅布赖镇巴丹吉林嘎查东北15公里处一块较为平缓的沙坡上，为一处新石器时代遗址。遗址面积约1平方公里，四周为沙山环绕，西侧沙山较为高大。地表散落有大量的遗物，有陶器、石器等。陶器主要有夹砂红陶、灰陶残片，以及少量的泥质陶、黑釉陶和彩陶残片。石器有石核、细石叶等。此外，还征集了该遗址出土的袋足鬲1件。

文／摄影：阿拉善盟阿拉善右旗普查办

老爷庙遗址

老爷庙遗址地貌

老爷庙遗址地表

老爷庙遗址位于鄂尔多斯市达拉特旗吉格斯太镇马场壕村老爷庙南1公里，遗址南端为达拉特旗与准格尔旗交界处。遗址所在为丘陵地貌，地势起伏较大，中间高，四周低，面积达110万平方米。地表散布遗物较少，采集有泥质灰陶绳纹三足瓮残片、附加堆纹灰白陶口沿等。根据陶片特征判断，该遗址属于朱开沟文化遗存。

文／摄影：鄂尔多斯市达拉特旗普查办

老爷庙遗址采集的标本

长胜石城址

长胜石城址全景

长胜石城址城墙

长胜石城址位于赤峰市元宝山区建昌营镇长胜村东南 500 米的山丘之上。城址平面呈长方形，东西长 203、南北宽 145 米，面积约 2 万平方米。地势南高北低，城址东、西、南三面建有石墙，墙宽 2、高 0.2～0.5 米。地表散落陶片和石器。根据采集的标本判断，这是一座夏家店下层文化石城。

文／摄影：赤峰市元宝山区普查办

岱王山石城址

岱王山石城址位于赤峰市松山区岗子乡新地村新地自然村西南1公里的岱王山上。石城平面呈椭圆形,面积约1万平方米,石块垒砌的城墙规模较为壮观。西南和南面一段石墙保存较好,长约40、残高约4.5米;东墙、西墙保存一般,残高0.7~1.3米。墙外有马面,半径1.7~2.5米。城南有门,门两侧用石块垒砌规整,门以下有通往山下的台阶,为大的石条垒砌。城外东面的缓坡处暴露有几处灰坑和窖穴,穴壁用石片垒砌,直径2~3、深1~2米,坑内出土有陶片和动物骨骼。根据遗物判断,该石城址属于夏家店上层文化遗存。

文/摄影:赤峰市松山区普查办

岱王山石城址远景

岱王山石城址东部石墙局部

岱王山石城址西部石墙局部

岱王山石城址南部石墙

岱王山石城址石砌窖穴

吉呼郎图遗址

吉呼郎图遗址石圈

吉呼郎图遗址石圈

吉呼郎图遗址采集遗物

吉呼郎图遗址位于锡林郭勒盟苏尼特右旗额仁淖尔苏木吉呼郎图嘎查吉呼郎图敖包北1.5公里处，是一处保存较好的青铜时代聚落址。该遗址分布面积较大，坐落于一个盆地内，地势较低。遗址内可见70多个圆形石圈，由大小不等的石块堆砌而成，大者直径5米，最小的直径在3米左右，距地表高约0.5米。遗址中部石圈数量最多，且面积相对较大。在遗址附近发现有夹砂灰陶片和石斧、石磨棒等石器。

文／摄影：锡林郭勒盟苏尼特右旗普查办

阿布盖图洞穴遗址

阿布盖图洞穴遗址远景

阿布盖图洞穴遗址位于锡林郭勒盟正镶白旗明安图镇阿布盖图嘎查东阿布盖图小组北0.5公里处的阿布盖图山顶部西侧，洞口向西。洞口高2.5、上部宽2、下部宽5.4米，洞内高2、宽5.8、进深11米。洞穴内有石头块和少量的浮土，有人工挖掘的痕迹。据附近居民介绍，洞穴内和附近经常可以捡到铜币和铜器等。从洞穴内采集的标本有磨制石器、铜器等。根据采集的标本推测，该洞穴遗址使用的时间较长，最早可能在青铜时代。

文／摄影：锡林郭勒盟正镶白旗普查办

阿布盖图洞穴遗址洞口近景

洪湖日诺尔遗址

洪湖日诺尔遗址地貌

洪湖日诺尔遗址采集青铜刀

洪湖日诺尔遗址暴露的陶罐、石球

　　洪湖日诺尔遗址位于呼伦贝尔市陈巴尔虎旗呼和诺尔镇哈腾呼舒嘎查洪湖日诺尔东南 1 公里沙化地内。遗址因常年干旱，地表植被受到严重破坏，已经开始沙化，不见任何遗迹现象，在沙化地内散布着大量陶片。此外，在遗址内还采集到 1 件泥质红陶罐、1 件青铜刀和 1 个石球。根据采集的遗物及地表陶片判断，该遗址的年代大致相当于中原地区的战国秦汉时期。

　　文／摄影：呼伦贝尔市陈巴尔虎旗普查办

沟心庙砖窑址

沟心庙砖窑址全景

沟心庙砖窑址远景

沟心庙砖窑址近景

沟心庙砖窑址位于巴彦淖尔市磴口县沙金套海苏木沟心庙村东北2.5公里处。共有规格大体相同的砖窑3座，间隔15～50米不等，呈平顶圆丘形，最大一座高4、直径25米。遗址遍地散落着各种大大小小的砖块，形状、颜色不尽相同，有的残缺，有的完整。依据窑的形制及砖的特征，推断其为汉代砖窑址。磴口地区汉墓较多，汉墓附近砖窑址也比较多见，沟心庙砖窑规模较大，在同类遗址中具有一定的代表性。

沟心庙砖窑址近景

文/摄影：巴彦淖尔市磴口县普查办

大发西山汉长城

大发西山汉长城墙体走势

大发西山汉长城采集标本

大发西山汉长城位于包头市石拐区大发西山山坡上，全长约3.8公里。墙体依山势延伸，大体呈东南—西北走向。山上的墙体为石片垒砌，长约2.8公里；山下地段为土筑，长约1公里。墙体底宽4～6、顶宽1.2～1.5、残高0.5～0.7米。山顶上建有一座烽燧，平面呈圆角长方形，长21、宽12、残高0.3～0.5米。

文/摄影：包头市石拐区普查办

呼热敖包烽燧

呼热敖包烽燧位于巴彦淖尔市乌拉特后旗呼和温都尔镇那仁乌布尔嘎查，处于阴山山脉的二级台地上，初步认定为汉代的军事设施遗址。烽燧平面呈长方形，东西长12.8、南北宽10.6、残高约4米；周壁为天然石块垒砌而成，中间以碎石填充。烽燧南侧有石砌围墙与其相连，墙体东西长12.8、南北宽11.6、残高约1.2米。南墙靠东有一座门址，宽约1.5米。烽燧东南5米处有一座石砌长方形房屋基址，南北长8.4、东西宽8.2、墙体残高1.2米，南面留门，门址宽约1.5米。

文／摄影：巴彦淖尔市乌拉特后旗普查办

呼热敖包烽燧全景

哈拉曾浩尼图烽燧

哈拉曾浩尼图烽燧位于阿拉善盟阿拉善左旗吉兰泰镇乌西尔格嘎查西北10.6公里处。始建于汉代，采用大块青色易风化岩石错缝堆砌成的实心烽燧，平面呈矩形，剖面呈梯形，自下而上有收分。台体上部东西长6.2、南北宽5.2米，底部东西长8.2、南北宽7.6米，通高2.6米。台体上部有圆形盗洞，直径约2.9、深2.1米。台体西侧相连一院落，东西长9.6、南北宽8.6米；西侧院墙完全坍塌，仅存底部石砌墙基痕迹，南墙、北墙局部坍塌，墙体宽0.9、高0.1～1.6米。烽燧周边地表零星散落有汉代灰陶残片。

文／摄影：阿拉善盟阿拉善左旗普查办

哈拉曾浩尼图烽燧远景

哈拉曾浩尼图烽燧近景

哈拉曾浩尼图烽燧周围采集标本

楚伦昂高茨采石场遗址

楚伦昂高茨采石场遗址位于阿拉善盟额济纳旗达来呼布镇苏泊淖尔苏木策克嘎查东南60公里处的巴嘎洪格日吉乌拉山，这一地区的蒙古语地名为"楚伦昂高茨"，意为石槽。采石场分布在一座小山南北两侧的缓坡上，范围约2平方公里。山体表层均为裸露的大理石，大理石表面有明显的人工开采石材留下的痕迹。开采的石料主要用于加工石碾、石磨和石杵等生产工具。采石场随处可见散落的废石料和采挖加工遗留下的半成品石碾、石磨、石臼等实物，有些废弃石料和大理石石面上还残留着楔形凿痕。遗址内可见5座石块围垒的房址，平面呈圆角方形，面积约7～8平方米，残高1.5米，每座房址边都设有祭台。居延遗址群内屯田区域遗留的石碾、石磨均应来源于此。初步判断，该采石场主要使用的时期为汉代、西夏、元代。

文/摄影：阿拉善盟额济纳旗普查办

楚伦昂高茨采石场遗址全景

楚伦昂高茨采石场遗址房址

楚伦昂高茨采石场遗址地表散落的石磨

楚伦昂高茨采石场遗址地表散落的石料及其凿痕

赛罕东遗址

赛罕东遗址全景

赛罕东遗址碾盘

赛罕东遗址碾盘局部

赛罕东遗址佛像

赛罕东遗址位于赤峰市巴林左旗白音诺尔镇查干白旗嘎查。遗址保存较好,平面略呈方形,面积约为3148平方米。地表遗留有一直径8米的碾盘和一个佛像。该佛像无头,为一坐佛,残高约1.3米。根据地表遗迹和遗物判断,这是一处辽代遗址。

文/摄影:赤峰市巴林左旗普查办

五间房遗址

五间房遗址位于赤峰市巴林左旗乌兰达坝苏木南沟村东约7公里，为一处辽代遗址，保存较好。遗址东西长约200、南北宽约100米，面积近2万平方米。2008年春，村民徐金辉在此耕地时发现了一批辽代窖藏铁器，出土铁器共34件。生活用具有三足平锅、勺子、漏勺、锁；农具有锄、犁铧；车马具有车辖、车锏、马镫、马衔、鏖马橛；兵器有刀、箭镞。其中个别犁铧上铸有文字，可辨识的有"川""太""山"等，这些文字当与制器作坊有关，作为权益和凭信。这批铁器大部分保存完好，仅少部分锈蚀严重。

文/摄影：赤峰市巴林左旗普查办

五间房遗址全景

五间房遗址出土的三足平锅

五间房遗址出土的车马具

五间房遗址出土的铁农具

五间房遗址采集标本

泊和乌苏东南遗址

泊和乌苏东南遗址地貌

泊和乌苏东南遗址密集的灰土圈

泊和乌苏东南遗址标本

泊和乌苏东南遗址局部

泊和乌苏东南遗址位于通辽市奈曼旗黄花塔拉镇泊和乌苏嘎查东南200米沙沼中。遗址东西长600、南北宽150米，分布面积9万平方米。文化层堆积较厚，深约1米。从地表可见并排分布的房址5座。地表散布大量辽代布纹瓦、砖，白釉盘、碗残片，陶壶、陶罐口沿等。该处遗址面积大，遗迹明显，遗物丰富，是一处保存较好的辽代遗址。

文／摄影：通辽市奈曼旗普查办

大连屯陶窑址

大连屯陶窑址位于兴安盟突泉县杜尔基镇太东办事处东发村大连屯东南2公里。共发现3座窑址，平面呈圆形，属"馒头窑"，直径4米，高出地表0.3~0.8米，东西向排列，间距约28米，分布范围约1500平方米。地表有大量红色烧结土和黑灰土，散见大量陶片。根据遗物特征判断，这是一处辽代陶窑址。

文/摄影：兴安盟突泉县普查办

大连屯陶窑址远景

大连屯陶窑址采集标本

大连屯陶窑址局部

大连屯陶窑址地表散布的遗物

福巨城址

福巨城址城墙

福巨城址局部

福巨城址地表散落的建筑构件

福巨城址位于通辽市科尔沁区莫力庙镇福巨嘎查北1公里。遗址处于沙丘地带，面积约64万平方米。城墙受风沙侵蚀严重，形成一座座断续相连的夯土堆。城址内有多处建筑台基，大部分已被盗挖，青砖、布纹瓦、筒瓦、板瓦等建筑构件俯拾皆是。地表散落大量陶、瓷残片，主要有灰陶罐口沿残片、施篦点纹陶片、素面灰陶片和酱釉罐口沿残片、绿釉瓷片等。根据地表遗迹、遗物判断，这是一处辽代城址。

文/摄影：通辽市科尔沁区普查办

四家子城址

四家子城址全景

四家子城址城墙

四家子城址位于通辽市扎鲁特旗巴雅尔胡硕镇四家子嘎查正南500米，当地村民称其为"金罗城"。城址轮廓依稀可辨，南北约500、东西约300米，面积约15万平方米，文化层厚约1.2米。东城墙保存较好。遗址地表散见青砖、布纹瓦等建筑构件及灰陶片等遗物。该城址的时代为辽代。

文／摄影：通辽市扎鲁特旗普查办

四家子城址地表散落的建筑构件

依德格沟遗址

依德格沟遗址全景

依德格沟遗址位于乌兰察布市察哈尔右翼后旗锡勒乡依德格沟村东1.5公里处东山坡的南坡上。遗址东、南、北三面环山，地表呈缓坡状，北高南低。东西长约200、南北宽约150米，面积约3万平方米。地表可见若干座石块垒砌的房基，分为三排。第一排1间，形状不规则，面积约10平方米。第二排为长方形，共5间，东西长约200、南北宽约50米，面积约1万平方米。第三排约7～8间，为长方形，东西长约200、南北宽约50米，面积约1万平方米。在第二排和第三排之间有宽约10米的过道。采集有灰陶片、瓷片等遗物。根据遗物特征判断，该遗址的年代为金元时期。

文／摄影：乌兰察布市察哈尔右翼后旗普查办

塔林拜兴障址

塔林拜兴障址远景

塔林拜兴障址位于阿拉善盟阿拉善右旗阿拉腾敖包镇恩格尔乌苏嘎查西北约85公里处，坐落在低缓的戈壁丘陵地带一处较高的台地之上，四周地势平缓，视野开阔。障址平面大体呈圆角长方形，东西长约21.5、南北宽约16.6米，面积约357平方米。墙体由片状石板叠砌而成，墙壁厚2.35、高2.74米。障址东侧墙体相连有围墙，总长19米，南侧有长约9米的一段已坍塌。障址东南部留有一小门，高1.7、宽1.65米，顶部由梭梭与石板混合筑成。城内设马道，一直通往障城顶部。根据其建筑特点初步推断，该障址为西夏时期的一处军事设施。

文/摄影：阿拉善盟阿拉善右旗普查办

塔林拜兴障址近景

塔林拜兴障址局部

宗海尔汗障址

宗海尔汗障址位于阿拉善盟阿拉善左旗乌力吉镇温都尔毛道嘎查，初步推断为西夏时期所建。障址平面基本呈圆形，内径9米，南侧设门，筑瓮城，瓮城风化严重，东西4.5、南北3.5、残高1.5米。墙体总体为土坯垒砌，内平铺梭梭树干，枝条暴露于墙体之外。土坯尺寸多在43厘米×26厘米×8厘米左右，平铺砌筑，土坯之间使用红黏土粘接。距地表0.7米左右起，每间隔或1层，或2层，或3层，在红黏土中平铺大量梭梭树干及枝条。墙体基宽3米左右，顶宽1米左右，倒塌墙体上宽多在2.5米左右。东侧墙体垮塌严重，现和内部几乎平齐；西侧墙体外部因风蚀严重，自下而上呈斜坡状，并有一"V"形豁口。由瓮城进入障内设有步道，步道宽1.1米，步道内侧竖立梭梭树干，步道现被剥落的泥土及黄沙覆盖严重，呈斜坡状。

文／摄影：阿拉善盟阿拉善左旗普查办

宗海尔汗障址全景

宗海尔汗障址近景

宗海尔汗障址东侧

宗海尔汗障址内侧

温都尔毛道希勃障址

温都尔毛道希勃障址位于阿拉善盟阿拉善左旗乌力吉苏木温都尔毛道嘎查东南7公里处。障址筑于两山之间，墙体连接两道山体，中部是两山间的低凹地。障址平面呈正方形，边长80米，墙体大都存在比较严重的坍塌现象，墙体上部不平齐，多处因倒塌严重，呈豁口状。东墙部分墙体只存有外侧垛墙，内侧严重坍塌。城内低缓处有一南北向水冲沟，将墙体冲出3米宽的豁口。根据整体形制来看，水毁严重处应设有城门。墙体为石砌墙体，使用黑褐色玄武岩及粗粒花岗岩堆砌，部分墙体内部填加碎石及杂土稳固。墙基宽度在1.4米左右，保存形制相对较好的墙体顶宽1.2米，现存墙体残高为0.2~2.3米。墙体两侧砌筑不平齐，略有收分。东侧城墙残存有垛墙痕迹，垛墙宽0.6米左右，残高0.4米左右，其他三面因严重倒塌，未见垛墙。附近未见遗物。根据周边发现的同类遗存推断，应为一座西夏时期的障城遗址。

文/摄影：阿拉善盟阿拉善左旗普查办

温都尔毛道希勃障址全景

温都尔毛道希勃障址局部

温都尔毛道希勃障址墙体近景

额日古哈拉遗址群

额日古哈拉遗址群位于阿拉善盟额济纳旗达来呼布镇吉日嘎郎图嘎查东南26公里的荒漠中，南北50、东西25公里，是一处规模巨大的西夏至元代的屯田遗址群。该地为自然沙漠景观，方圆约250公里的范围内散布着一座座高大的红柳包，间或未被黄沙和红柳包占据的地方，即显露出原来的地表。遗址群内共发现房址、水渠、佛塔、寺庙等遗迹40余处。房址皆为土坯建筑，墙壁抹黄色草拌泥，有的土坯之间夹杂一层干草。遗址群中石碓、石磨、石碾完整无损，陶片、瓷片俯拾皆是。这处遗址群从它废弃的那一天起，就很少有后人来扰动，最大限度地保持着它的初始状态。

文/摄影：阿拉善盟额济纳旗普查办

额日古哈拉遗址群土坯墙

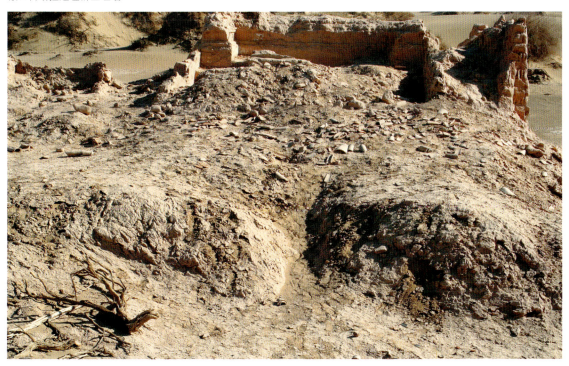

额日古哈拉遗址群内寺庙基址

额日古哈拉遗址群内房址

额日古哈拉遗址群内水渠遗迹

额日古哈拉遗址群内房址中遗留的石磨盘

额日古哈拉遗址群内出土的泥质佛像

额日古哈拉遗址群内采集的瓷器残片

宝日浩特城址

宝日浩特城址全景

宝日浩特城址局部

　　宝日浩特城址位于锡林郭勒盟太仆寺旗贡宝拉格苏木白马群嘎查南500米的半山坡上。城址南北长505、东西宽310米，总面积近16万平方米，西、南各有一个城门。西门和南门有瓮城，南瓮城面积约722平方米，西瓮城面积约1177平方米。城址内有一道东西走向的土墙，把古城分为南、北两部分。根据城址规模、地理位置及出土遗物判断，该城址当为元朝大都至上都驿路上的一处纳钵所在。

　　　　文/摄影：锡林郭勒盟太仆寺旗普查办

宝日浩特城址南瓮城

宝日浩特城址西瓮城

宝日浩特城址采集标本

宝日浩特城址采集标本

小柳木皋烽燧

小柳木皋烽燧远景

小柳木皋烽燧局部

小柳木皋烽燧位于阿拉善盟阿拉善左旗巴润别立镇巴彦朝格图嘎查东南17公里。建于小柳木皋山顶处，外部石砌，内部夹石、土。平面呈方形，剖面呈梯形，自下而上有收分。底部边长18、上部边长8.5、残高8～10米。台体存在坍塌现象，形制保存清晰，烽燧四角顶部坍塌残破，底部保存完整，东北角坍塌最为严重。从坍塌处可见内部每隔1.3米左右铺有圆木，并垫草、土。无附属设施。该烽火台为明代修建，就现存情况来看，没有后代修缮痕迹。附近未发现遗物。

文／摄影：阿拉善盟阿拉善左旗普查办

黑矾沟瓷窑址群

黑矾沟瓷窑址群位于呼和浩特市清水河县一条狭长弯曲的沟谷内，沟谷全长 2500 米。该窑址群依坡而筑，是一处保存完好的明清时期民窑址群。窑址均坐北朝南，分布呈单座、双座或多座等式样；建造特点为圆形圆顶状（俗称馒头窑），高矮粗细不一，最高者在 12～13 米，低者在 6～8 米。窑身为上、下结构，各有窑口，下部有出灰口。黑矾沟制瓷业兴起发展约在明代中后期，到清朝乾隆年间已形成一定规模。主要生产日用生活瓷，品种有碗、盆、盅等。产品销往包头、河套等地。

文／摄影：呼和浩特市清水河县普查办

黑矾沟瓷窑址

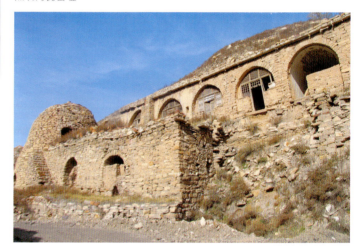
黑矾沟瓷窑址

黑矾沟瓷窑址

黑矾沟瓷窑址内部

哈夏图皇家马厩遗址

哈夏图皇家马厩遗址全景

哈夏图皇家马厩遗址局部

哈夏图皇家马厩遗址位于锡林郭勒盟太仆寺旗贡宝拉格苏木哈夏图嘎查中心位置。该马厩建于清顺治六年至康熙二十三年（1649～1684年）之间，主要是将察哈尔太仆寺左右翼牧群各牧户的好马上缴到总管衙门，然后由衙门集中在此饲养、驯化之后，经检疫合格，上交朝廷。现遗址共有6个马厩，东部2个马厩为一体，共用一个大院，东西长75、南北宽30米，马厩面积4500平方米。以西15米又建有4个马厩，东西长140、南北宽80米，建筑格局与东部相同，面积1.12万平方米。皇家马厩遗址总面积为1.57万平方米。

文／摄影：锡林郭勒盟太仆寺旗普查办

古墓葬

内蒙古自治区第三次全国文物普查新发现

扎白营子墓葬群

扎白营子墓葬群全景

扎白营子墓葬群位于通辽市库伦旗库伦镇南约16公里处，扎白营子村东山西侧缓坡地带，遗址处于南北走向的梯田当中，地势为东高西低。墓葬群大体呈长方形分布，南北长约260、东西宽约120米，面积约3万平方米。墓葬群西侧、北侧为较深的自然冲沟，沟岸处有暴露的墓葬，排列有序。墓葬群西南侧的几座墓葬有被盗扰的痕迹。从被盗墓葬周围采集到夏家店下层文化夹砂红陶鬲足等陶器残片。此外，普查中征集到该墓葬群出土的夏家店下层文化陶器4件。

扎白营子墓葬群征集遗物

文／摄影：通辽市库伦旗普查办

采石沟聚落址与墓葬群

采石沟聚落址与墓葬群远景

采石沟聚落址与墓葬群位于赤峰市克什克腾旗经棚镇北3公里采石沟，处于黄岗梁山峰南麓，背靠群山，南临平川盆地。聚落址及墓葬群分布于沟的南、北两侧，总面积约8000平方米。沟南坡为墓葬区，面积约5000平方米，其地势较缓，地表采集有陶纺轮、石纺轮、角器、骨匕等遗物。因生产活动，破坏多个墓葬，出土文物有青铜短剑、铜刀、铜斧、铜镜、马具铜饰件、骨器、串珠及丝织物残片等。2007年，崖壁坍塌暴露出一个土坑竖穴墓。经清理，出土遗物有夹砂红陶罐、环首铜刀、圆形铜牌饰、铜锥、铜泡及骨器等遗物。在墓穴上方填土中，距墓穴50厘米处，出土有三具完整的马头骨，呈"品"字形摆放。沟北坡为居住区，分布面积约3000平方米，暴露多处灰土层，文化层厚1～3米，地表采集有夹砂红陶罐残片、鬲足、石镐、石斧及动物的残骨等。从采集遗物来看，该聚落址与墓葬群均属于夏家店上层文化早期遗存。

文／摄影：赤峰市克什克腾旗普查办

采石沟聚落址与墓葬群出土牌饰

采石沟聚落址与墓葬群出土陶罐

采石沟聚落址与墓葬群出土青铜器

采石沟聚落址与墓葬群采集骨器

城塔墓葬群

城塔墓葬群位于鄂尔多斯市准格尔旗薛家湾镇城塔村城塔城址南侧的坡地上，面积近1.7万平方米。墓葬群东侧紧临黄河，西侧为农田，地势西高东低。墓葬的轮廓依然可辨，有明显的石堆52处，地表散落许多陶片。在坡地上有一条因水土流失而形成的冲沟，冲沟断面上暴露出人骨和陶器，普查队对其进行了清理，出土了2件陶鬲和1件陶罐。根据出土的陶鬲和陶罐以及地表的陶片特征判断，这是一处青铜时代墓葬群。

文／摄影：鄂尔多斯市准格尔旗普查办

城塔墓葬群全景

城塔墓葬群断面上暴露的墓葬

城塔墓葬群冲沟断面暴露的陶器

城塔墓葬群出土的陶鬲、陶罐

马鬃山墓葬群

马鬃山墓葬群全景

马鬃山墓葬群局部

马鬃山墓葬群石板墓

马鬃山墓葬群位于巴彦淖尔市乌拉特中旗呼勒斯太苏木达格图嘎查北30公里的马鬃山附近，分布范围约2平方公里。墓葬大部分依山而建，沿山坡不规则分布。地表可见墓葬百座以上，大部分保存较完整，以竖立的石板垒砌墓穴。墓圹大小不一，大者长10～12、宽6～8米；小者长5～6、宽3～4米。根据墓葬的分布及排列情况，大致可将其分为9个区。此类墓葬在草原上多有发现，但像马鬃山墓葬群这么大规模的石板墓葬群确属少见。石板墓在北方草原上分布很广，从青铜时代到蒙元时期都有发现，为北方民族的遗存。该墓葬群的族属尚无法断定。

文／摄影：巴彦淖尔市乌拉特中旗普查办

挪二六社墓葬群

挪二六社墓葬群全景

挪二六社墓葬群地表遗物

挪二六社墓葬群位于巴彦淖尔市杭锦后旗头道桥镇挪二六社。墓葬群东西长500、南北宽300米，分布面积约15万平方米，约有墓葬二三百座，以中、小型砖室墓居多，保存状况一般。墓葬群附近有砖窑址1座。近几年来土地开发对墓葬群造成了一定的破坏，大量的墓砖散见于地表，采集陶罐1件，腹饰数周凹弦纹。头道桥镇距汉临戎县故城约15公里，依据墓葬群所处的地理位置，以及墓葬形制和地表遗物的特征，可将该墓葬群的年代推定在西汉中晚期到东汉早期。

　　文／摄影：巴彦淖尔市杭锦后旗普查办

挪二六社墓葬群采集陶罐

三座坟墓葬群

三座坟墓葬群全景

二座坟墓葬群（由东向西摄）

三座坟墓葬群（由西向东摄）

三座坟墓葬群位于乌兰察布市凉城县六苏木镇将军梁村委会三座坟村北1公里的山坡上，四面环山，地势北高南低，占地面积6600平方米。三座墓葬呈东西向排列，自东向西间距分别为187米、67米。墓葬地表可见高大的圆形封土堆，大小相近，直径约26、高约7.5米。根据封土的特点，判断其为汉代墓葬。

文／摄影：乌兰察布市凉城县普查办

迪亚敖包梁墓葬群

迪亚敖包梁墓葬群全景

迪亚敖包梁墓葬群被盗墓葬的墓门

迪亚敖包梁墓葬群位于鄂尔多斯市伊金霍洛旗伊金霍洛镇布拉格村一社西北迪亚敖包梁的南坡，地势较高。普查时发现4座墓葬被盗，地表暴露有青砖、陶片、人骨碎片等遗物。其中一座墓葬保存尚好，南面设墓道，有东、西两个耳室，未见任何随葬品。根据被扰动于地表的墓砖和陶片的特征判断，这是一处汉代墓葬群。

文／摄影：鄂尔多斯市伊金霍洛旗普查办

迪亚敖包梁墓葬群被盗扰出的墓砖

正镶白旗北朝墓葬

正镶白旗北朝墓葬清理现场

正镶白旗北朝墓葬出土鎏金铜泡钉

正镶白旗北朝墓葬出土铜铺首

正镶白旗北朝墓葬位于锡林郭勒盟正镶白旗境内。2010年5月被盗，当地公安部门追缴回部分器物后，文物部门又对该墓葬进行了清理。墓葬长约3.5、宽约2.5米，共出土文物200余件，主要有陶器、金银器、铜器、玻璃器以及镶宝石首饰等。出土文物较为珍贵、罕见，且异域特征明显。根据遗物特征判断，这是一座北朝时期墓葬，它的发现和清理对研究北朝和北方民族历史具有重要意义。

文／摄影：锡林郭勒盟正镶白旗普查办

正镶白旗北朝墓葬出土金饰珠

正镶白旗北朝墓葬出土金铃饰

正镶白旗北朝墓葬出土金带

正镶白旗北朝墓葬出土叶形金头饰件

正镶白旗北朝墓葬出土铜双耳盏

正镶白旗北朝墓葬出土鎏金錾花银碗

正镶白旗北朝墓葬出土玻璃碗

正镶白旗北朝墓葬出土玛瑙珠、绿松石

哈拉汉沟墓葬群

哈拉汉沟墓葬群石人墓

哈拉汉沟墓葬群位于巴彦淖尔市乌拉特前旗额尔登布拉格苏木白彦花嘎查哈拉汉沟口北1公里的草牧场。共发现墓葬10余座，其中1座为石人墓，面积4平方米。石人立于墓圹中央，高出地面1米，面向东，石人的五官刻制得非常清晰，头顶部微残。石人墓周围有10余座石堆墓。根据墓葬形制，初步认定这是一处隋唐时期的北方民族墓葬群。

文／摄影：巴彦淖尔市乌拉特前旗普查办

宝德尔墓葬群

位于锡林郭勒盟苏尼特左旗巴彦乌拉苏木新阿米都日勒嘎查境内的宝德尔石林内。宝德尔石林面积约40平方公里，在其中共发现墓葬37座，分布较分散。墓葬平面呈圆形或方形，有的为竖立的石板围成的长方形墓圹，有的为圆形的石堆。墓葬保存都很完好，没有被盗痕迹。根据墓葬形制特征，初步推断为隋唐时期的北方民族遗存。

文／摄影：锡林郭勒盟苏尼特左旗普查办

宝德尔墓葬群长方形墓葬

宝德尔墓葬群圆形墓葬

宝德尔墓葬群局部

宝德尔墓葬群局部

敖包图哈日东墓葬

敖包图哈日东墓葬全景及周边环境

敖包图哈日东墓葬位于阿拉善盟阿拉善左旗巴彦诺日公苏木查干敖包嘎查西北15.5公里的一处山坡之上。墓葬东西长2.25、南北宽1.75米，由大块长条形石板围筑而成，石板高出地表0.5米左右。周边有少量石块散落于地表，附近未见遗物。此类墓葬具有典型的北方民族墓葬的特点，但具体年代无法准确断定。

文／摄影：阿拉善盟阿拉善左旗普查办

乌日图沟墓葬群

乌日图沟墓葬群地貌

乌日图沟墓葬群位于锡林郭勒盟东乌珠穆沁旗满都宝力格镇额仁高毕嘎查乌日图沟西侧。墓葬群面积2700平方米，地表可见33座用卵圆形石块围垒的墓圈，平面一般呈椭圆形，大小不等，最大者直径约6米，小者直径约3米，均为南北向排列。这些石围的墓圈均出露于地表，个别者要高出地表近0.5米。这处墓葬群整体保存较好，仅两座墓有被盗迹象。因地表未见任何遗物，时代难以推断。

　　文／摄影：锡林郭勒盟东乌珠穆沁旗普查办

乌日图沟墓葬

都兰分场墓葬群

都兰分场墓葬群全景

都兰分场墓葬群附近采石场

都兰分场墓葬群墓葬

都兰分场墓葬群位于锡林郭勒盟乌拉盖管理区乌拉盖牧场一连北山的南坡，距乌拉盖牧场一连1公里。墓葬群分布范围近5万平方米，地表可见石堆墓34座，平面多呈圆形或椭圆形，直径约2～3米，石砌墓圹出露于地表10厘米左右，每座墓葬均有一大石块盖压。墓葬间距一般6～8米。这座墓葬群保存较为完好，未见盗掘迹象。应为一处北方民族墓葬群，具体时代及族属不明。

文/摄影：锡林郭勒盟乌拉盖管理区普查办

塔林艾拉墓葬群

塔林艾拉墓葬群东部

塔林艾拉墓葬群东南部

塔林艾拉墓葬群位于锡林郭勒盟正镶白旗明安图镇塔林艾拉嘎查崩康高勒小组西南2公里的大山丘南坡上。墓葬群东、西、北三面有山丘围绕，南面是自然草场和一条西北向东南的大型深沟。地表可见6座墓葬，3座为圆形，直径一般为3米；3座为长方形，南北长3、东西宽2米。墓地四周有石砌茔墙，平面呈方形，边长约9～10、宽约0.6、高0.8米。应为一处北方民族墓葬群，具体时代及族属不明。

文／摄影：锡林郭勒盟正镶白旗普查办

南新营墓葬

南新营墓葬征集青铜带扣

南新营墓葬征集铁镞

南新营墓葬征集铁马镫

南新营墓葬征集残骨饰

南新营墓葬征集金花银碗

南新营墓葬征集残铁刀

南新营墓葬位于呼和浩特市和林格尔县黑老窑乡古城窑村东2公里山坡上。2007年被水冲毁后遭盗掘，墓葬形制不清，追缴回1件金花银碗及部分青铜带扣、铁马镫、铁刀、铁镞及骨器等。根据出土遗物判断，这是一座唐代的北方民族墓葬。

文/摄影：呼和浩特市和林格尔县普查办

八里罕沟墓葬群

八里罕沟墓葬群位于通辽市奈曼旗青龙山镇向阳所村南沟（八里罕）屯西北0.75公里的向阳山坡上。墓葬群东西长500、南北宽300米，分布面积15万平方米。地表散布大量辽代的青砖断瓦。墓葬形制多砖室墓和石室墓，排列有序，南北向共有五排。此次普查从被盗墓葬中清理出一座柏木棺床小帐，并追缴回一批辽代早期的青瓷葵口碗、温碗、白瓷壶、白瓷盘等。

文／摄影：通辽市奈曼旗普查办

八里罕沟墓葬群地貌

八里罕沟墓葬群出土柏木棺床小帐

八里罕沟墓葬群出土青瓷葵口碗

八里罕沟墓葬群出土鎏金铜豆

八里罕沟墓葬群出土鎏金铜碗

八里罕沟墓葬群出土白瓷水盂

八里罕沟墓葬群出土鎏金银面具

八里罕沟墓葬群出土白釉刻花执壶

八里罕沟墓葬群出土绿釉鸡冠壶

八里罕沟墓葬群出土绿釉渣斗

哈拉海场沟墓葬群

哈拉海场沟墓葬群墓门右侧壁画

哈拉海场沟墓葬群地貌

哈拉海场沟墓葬群天井东侧壁画

哈拉海场沟墓葬群位于赤峰市巴林左旗富河镇富河沟村北约4公里处，四面环山。普查时发现3座被盗墓葬，普查队清理了其中的1座，未见任何随葬品。该墓为砖室墓，方向为125°，由墓道、天井、墓门、甬道、前室及左右耳室、后室构成，后室为主室。天井东壁绘有《备游待召图》《仪卫图》，西壁绘有《备饮图》《备食图》。圆拱形墓门，宽1.2、高2.2米，其两侧各彩绘卫士一人及祥云飞鹤，但损毁严重。前、后室平面均为圆角方形，穹隆顶，壁画均已脱落。根据墓葬形制及壁画风格判断，这是一处辽代墓葬群。

文／摄影：赤峰市巴林左旗普查办

哈拉海场沟墓葬群天井西侧壁画

查干胡硕墓葬

查干胡硕墓葬墓门两侧的动物雕像

查干胡硕墓葬出土青白釉瓷瓶

查干胡硕墓葬墓室壁画

查干胡硕墓葬墓室壁画

查干胡硕墓葬位于通辽市科尔沁左翼中旗巴彦塔拉镇查干胡硕嘎查西北3.5公里，地势为北高南低。墓葬为砖室墓，南北向，墓道情况不详。有南、北两个墓室，中间有甬道相通。南室坍塌严重，具体情况不详。北室为主室，平面呈八角形，东西长4.5、南北宽3米，面积13.5平方米。青砖铺地，地面以上用横截面为方形的柏木加工成八角形木椁，椁外壁满饰彩绘图案。因墓葬被盗已久，故彩绘图案保存较差，大部分内容已不清晰。随葬品有青白釉瓷瓶1件、青白釉花边小瓷盘6件、铁锄1把、铁斧1把、铁钉若干。根据出土遗物，判断该墓葬的年代为辽代。

文／摄影：通辽市科尔沁左翼中旗普查办

小努日木墓葬群

小努日木墓葬群全景

小努日木墓葬群位于通辽市科尔沁左翼中旗架玛吐镇小努日木嘎查西北500米处，面积约4万平方米。墓葬群在20世纪50年代曾被盗掘，最近几年又屡遭盗墓分子破坏，约有10座墓葬被盗。2008年至2009年初，普查队抢救性清理了2座墓葬，均为方形单室墓，出土铜丝网1件、辽三彩方盘8件，绿釉长颈瓶、绿釉小碗各1对，以及三彩海棠盘、绿釉鸡冠壶、绿釉钵、白釉瓷碗、鎏金铜马鞍饰件、马衔等珍贵文物。1982年、1990年，文物部门先后清理过这里的两座合葬墓，并在《中国文物地图集·内蒙古自治区分册》中将其作为两处文物点分别加以介绍。经过此次普查，认为这里应是一处规格较高的辽代墓葬群。

文/摄影：通辽市科尔沁左翼中旗普查办

小努日木墓葬群出土马衔

小努日木墓葬群出土的鎏金铜马鞍饰件

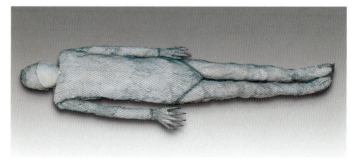

小努日木墓葬群出土铜丝网

小努日木墓葬群出土三彩海棠盘

小努日木墓葬群出土三彩方盘

小努日木墓葬群出土绿釉小碗

小努日木墓葬群出土绿釉钵

小努日木墓葬群出土绿釉长颈瓶

小努日木墓葬群出土绿釉鸡冠壶

重光墓葬

重光墓葬全景

重光墓葬特写

重光墓葬位于锡林郭勒盟太仆寺旗幸福乡重光村西南1公里的高地上，海拔1396米。墓葬南北长18.3、东西宽16.6米，面积约304平方米。墓前立有一座石人像，高1.55、上部宽1.1、下部宽1.2、厚0.5米，由岩硝晶硝凝灰岩雕刻而成。人像头戴宋代官帽，双手持笏，雕刻逼真，栩栩如生。墓室由2块宽1、长2.5米的石板盖压。

文／摄影：锡林郭勒盟太仆寺旗普查办

东乌珠尔墓葬

东乌珠尔墓葬地表全景

东乌珠尔墓葬土的官服

　　东乌珠尔墓葬位于呼伦贝尔市陈巴尔虎旗乌珠尔苏木东乌珠尔办事处。普查队发现一处自然破坏墓葬，对其进行了抢救性发掘清理。墓葬棺盖三角形起脊，棺木已破坏。该墓主人为老年男性，身着清代官服，另有官帽一顶，朝珠一串。根据官服可以断定，墓主人为清代正四品武官，应为佐领一级。该墓出土官服保存完整，官阶明确，是目前呼伦贝尔地区出土的最高级别的清代武官服。

文／摄影：呼伦贝尔市陈巴尔虎旗普查办

东乌珠尔墓葬出土内衣

东乌珠尔墓葬出土内衣

东乌珠尔墓葬出土官帽

东乌珠尔墓葬出土官帽

东乌珠尔墓葬出土朝珠

杨家梁巴氏墓

杨家梁巴氏墓位于呼和浩特市玉泉区杨家营村东北约50米处。杨家梁巴氏墓墓碑为青灰色质地，龟形碑座，长155、宽117、高100厘米，龟首长55厘米。碑首残长115、宽110厘米，碑身宽110、厚33厘米。碑文字迹模糊，为清代"巴"姓将军墓。地表多散布青砖、板瓦、筒瓦。

文／摄影：呼和浩特市普查办

杨家梁巴氏墓

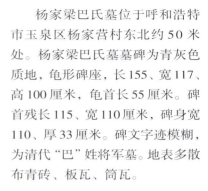

杨家梁巴氏墓碑文

杨家梁巴氏墓残碑

杨家梁巴氏墓碑首

杨家梁巴氏墓龟形碑座

古建筑

内蒙古自治区第三次全国文物普查新发现

巴特尔乌兰敖包

巴特尔乌兰敖包位于鄂尔多斯市鄂托克旗乌兰镇。巴特尔乌兰敖包又称"乌兰敖包",汉语意思为"红色英雄敖包"。相传成吉思汗建立蒙古帝国时期,有一位身经百战、勇猛善战的蒙古大将军在一次决战中英勇牺牲在鄂托克前沿阵地上。蒙古大军把这位英雄的尸体连同他的坐骑、盔甲、弓箭一起葬在这里,用红色岩石垒起壮观的敖包,供后人怀念祭奠。藏传佛教传入以后,敖包中敬奉了密宗派明王大红司命主神像。清代以后,巴特尔乌兰敖包成为鄂托克旗十三个公祭敖包之一。

文／摄影:鄂尔多斯市鄂托克旗普查办

巴特尔乌兰敖包主敖包

巴特尔乌兰敖包13个守卫敖包

乌和尔沁敖包

乌和尔沁敖包全景

乌和尔沁敖包大敖包

乌和尔沁敖包局部

乌和尔沁敖包位于锡林郭勒盟正蓝旗元上都遗址北。元朝为万寿山，清朝划为察哈尔正白牛群苏鲁克祭祀敖包。最初称"白音朝克图敖包"，清朝称为"乌和尔沁敖包"，又因这片草原生长着药草而称"医生敖包"。乌和尔沁敖包至今为旗敖包，建于正蓝旗最高山峰之上，海拔1674米。1917年、1924年、1947年，曾对敖包进行了维修，并举行了祭祀活动。1985年7月，桑根达来苏木吉胡郎图、白音淖尔、艾力克三个嘎查共同对敖包进行了维修，7月24日举行祭祀仪式，并举办摔跤、赛马等活动，历时三天。从此以后，一年一度的敖包祭祀活动被延续下来，每年阴历六月初十到二十择日祭拜。该敖包是由石块垒砌，外施水泥、白灰，敖包1大4小由南向北呈"一"字形排列，均面向东。中间大敖包直径6米，为圆形三层台式建筑；两侧4个小敖包直径均为1.5米，为圆形建筑，敖包之间间距3米。5个敖包由北向南长达24米。

文／摄影：锡林郭勒盟正蓝旗普查办

阿日赖庙

阿日赖庙位于鄂尔多斯市鄂托克前旗昂素镇阿日赖嘎查境内。该庙由鄂托克王爷敖日布扎布修建，始建于1731年，1919年曾做过维修。主体为砖木结构，坐北向南，分为上、下两层。门面主体为白色，正门两侧、屋檐及门柱有彩绘图案。主殿内供奉释迦牟尼佛、莲花生大师、白度母、绿度母等佛像。殿内正北面有神像，东、西两面墙上都有画像和各种宗教道具，神像后有阁壁，内有许多画像及神像。主庙两边有附庙，结构亦为砖木结构，主庙后边有两处古代建筑院落，再向后的一座白塔为现代建筑。西边有两座古建小屋。为鄂托克前旗现存最好、最完整的寺庙。

文：鄂尔多斯市鄂托克前旗文物保护管理所

摄影：张旭梅

阿日赖庙全景

阿日赖庙主殿

阿日赖庙白塔

阿日赖庙喇嘛房

书会庙

书会庙位于鄂尔多斯市伊金霍洛旗伊金霍洛镇书会庙村二社。清乾隆三十二年（1737年）由蒙古达尔扈特部希日道尔吉主持兴建，始建于石灰沟，因此得名"石灰庙"，原有都嘎25间，小庙3间。后迁于现书会庙庙址，1966年大部分被拆除，仅留后召1座。1982年复建，2008年在后召西北又新建8座白塔。寺庙正面可以看到祭台、主殿、左右各一排济萨房。每年的农历正月、四月、六月、七月、九月、十月，都要在这里举行庙会活动。

文：鄂尔多斯市伊金霍洛旗文物管理所
摄影：杨俊刚

书会庙全景

书会庙外景

书会庙塔群

书会庙主殿内景

蔡家沟贞洁牌坊

蔡家沟贞洁牌坊全景

蔡家沟贞洁牌坊石刻构件

蔡家沟贞洁牌坊石雕

　　蔡家沟贞洁牌坊位于赤峰市红山区打粮沟门乡蔡家沟村南300米。石质牌坊，宽10.5米，最高处3.3米，两侧略矮，高2.8米。牌坊前面立有2尊石狮。该牌坊为清代建筑，相传建于咸丰四年（1854年）。

　　　　文：赤峰市红山区文物管理所
　　　　摄影：赵爱民

店子戏台

店子戏台全景

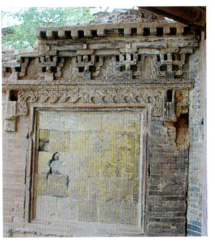

店子戏台砖雕花纹

店子戏台木雕龙首

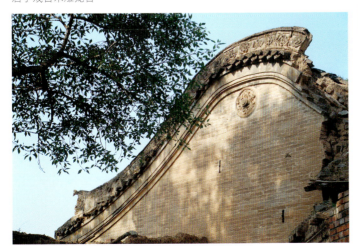

店子戏台卷棚硬山

店子戏台位于乌兰察布市兴和县店子镇店子行政村。戏楼为砖木结构，坐南朝北，面阔三间，进深二间，卷棚硬山布瓦顶建筑，前半部为歇山顶式样。东西长15、南北宽15米，面积为225平方米。平面布置以金柱为界分前、后台两部分，前台演出，后台化妆。前檐敞开，两山后半部和后檐用墙体围护，前檐四根檐柱为石柱，正面有题字和简单的雕饰。前檐檐下施三彩龙头斗拱，明间三攒平身科斗拱，次间一攒平身科斗拱。两山金柱外侧出八字墙，为仿木砖雕影壁式样，由须弥座、墙身、屋檐三部分组成。依据整体结构判断，当为清代建筑。

文/摄影：乌兰察布市兴和县普查办

苏吉音敖包

苏吉音敖包全景

苏吉音敖包位于锡林郭勒盟正镶白旗明安图镇苏吉音宝勒格嘎查四组西南2.5公里小山丘顶部。是清代安布扎楞（清代官名）祭祀的大型敖包，距今已有200多年历史。敖包占地总面积4800平方米，由石头堆砌而成。主敖包平面呈圆形，直径8、高4米，上插苏勒德。其南、北两侧各有12座圆锥状小石堆，直径1米左右，高不足0.5米，间距约1.5米。东、西两侧各有1条长条形石堆。牧民每年定期在此举行祭祀活动，请大喇嘛现场烧香诵经祭祀，并向到场的民众发放"招福"食品，举行那达慕大会。

文／摄影：锡林郭勒盟正镶白旗普查办

苏吉音敖包近景

宏格尔敖包

宏格尔敖包全景

宏格尔敖包主敖包近景

　　宏格尔敖包位于锡林郭勒盟正镶白旗明安图镇森金宝力格嘎查第七小组西南 3 公里巴音查罕小山丘上。从清代至今一直举行祭祀活动，是开展大型宗教活动和那达慕的场所，活动场所面积 10000 平方米。每年夏季祭祀，并举办摔跤、赛马等比赛活动。敖包用石头垒砌。主敖包直径 8、高 6 米；其两侧分列 4 座小敖包，直径约 3、高约 2 米。敖包间距 2 米左右。现当地牧民经常维修，举行祭祀活动。

　　　　文／摄影：锡林郭勒盟正镶白旗普查办

内蒙古自治区第三次全国文物普查新发现

石窟寺及石刻

浩日格乌拉克裂好舒岩画

浩日格乌拉克裂好舒岩画位于锡林郭勒盟阿巴嘎旗别力古台镇阿拉坦锡力嘎查北1.5公里处一条较宽的山沟两侧。共发现岩画168幅，内容丰富，形象逼真，画面精美。题材主要有动物、人物、符号、文字等。制作手法以磨刻为主，也有部分为凿刻。其中的一幅岩画，画在约1.5平方米的岩石面上，有6匹马、3只鹿、2条狗和1个张弓射鹿的猎人，形象地表现了北方民族的生产生活场景。

文/摄影：锡林郭勒盟阿巴嘎旗普查办

浩日格乌拉克裂好舒岩画男子形象　　　　　浩日格乌拉克裂好舒岩画狩猎图

陶乃高勒岩画

陶乃高勒岩画远景

陶乃高勒岩画局部

陶乃高勒岩画局部

　　陶乃高勒岩画位于阿拉善盟阿拉善右旗雅布赖镇西尼呼都格嘎查西偏北12公里雅布赖山脉腹地陶乃高勒一座小山丘山腰部的石壁上，山洞东侧有一条大体呈东西走向的季节性河沟，山洞距沟底约40米。洞内石壁上共有23个红色露地阴刻手印，多数印在洞顶石壁上。另有符号一个。

　　文／摄影：阿拉善盟阿拉善右旗普查办

敖伦布拉格岩画

　　敖伦布拉格岩画位于阿拉善盟阿拉善左旗敖伦布拉格镇巴彦哈日嘎查乌日图乌兰山南侧一带。岩画分布于东西长500、南北宽300米的范围内，共发现岩画133组。画面多为凿刻而成，主要题材有羊、马、骆驼、骑者、符号、藏文、蒙文等，是古代北方民族的岩画艺术的杰作。

　　　　文／摄影:阿拉善盟阿拉善左旗普查办

敖伦布拉格岩画主要分布区域

敖伦布拉格岩画待产母马图

敖伦布拉格岩画马图

敖伦布拉格岩画钩嘴兽图

敖伦布拉格岩画对马图

敖伦布拉格岩画猛兽图

敖伦布拉格岩画骑者图

科学井岩画

科学井岩画主要分布区域

科学井岩画局部

科学井岩画位于阿拉善盟阿拉善左旗科学井一座东西走向的低山南北两侧，岩画主要分布在东西85、南北30米范围之内，共发现岩画20余组。这批岩画可分为早期和晚期。早期共有6幅，由磨刻手法制作而成，以太阳神和面具图案为主要题材，也有符号类图案。画面最大者刻于长1.1、宽0.8米的石面之上。晚期为"文革"时期作品，凿刻而成，内容主要有毛主席语录、放牧图、骑者、羊、符号、民族图案等，部分岩画下方留有作画的具体年代。

　　文／摄影：阿拉善盟阿拉善左旗普查办

科学井岩画局部

敖伦敖包岩画

敖伦敖包岩画鹿群图

敖伦敖包岩画人、马、车、路、动物图

敖伦敖包岩画人牵马图

敖伦敖包岩画双鹿图

敖伦敖包岩画
人驾车图

敖伦敖包岩画位于包头市达尔罕茂明安联合旗满都拉镇巴音塔拉嘎查附近。岩画分布在山丘的山脊上，面积近5平方公里，约有岩画400余幅，以马、羊、鹿、狼、骑者、车、蒙古包等为主要题材。画面凿刻清晰、形象生动。画面之间有明显的叠压打破关系，应包含不同时期的作品。

文／摄影：包头市达尔罕茂明安联合旗文物管理所　王新文

小摩尼沟岩画

　　小摩尼沟岩画位于乌海市海勃湾区海北街道办事处东山北社区。岩画分布面积约260平方米，集中磨刻在小摩尼沟4块岩壁上，题材有牧马图、骑士图、游牧射猎图等，计114幅单体图像，内容丰富，形态各异，造型奇特。

　　文/摄影：乌海市普查办

小摩尼沟岩画分布点

小摩尼沟岩画牧马图

小摩尼沟岩画骑士图

小摩尼沟岩画游牧射猎图

小摩尼沟岩画局部

小摩尼沟岩画局部

小摩尼沟岩画局部

雀儿沟岩画

雀儿沟岩画分布地点

雀儿沟岩画局部

雀儿沟岩画局部

雀儿沟岩画位于乌海市海南区拉僧庙镇民乐社区雀儿沟大桥东3.5公里，面积约30平方米。岩画集中分布于雀儿沟内山丘岩壁和附近的巨大岩石上。主要内容有人物以及羊、马、犬等动物图像。这批岩画磨刻痕迹虽浅，但画面却十分清晰。

文／摄影：乌海市普查办

雀儿沟岩画局部

乌兰哈达 2 号岩画

乌兰哈达 2 号岩画远景

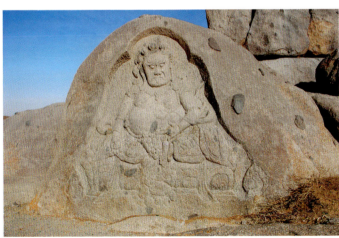

乌兰哈达 2 号岩画近景

乌兰哈达 2 号岩画位于乌兰察布市四子王旗乌兰花镇东北100公里，东北侧为 3 号岩画，南侧有一条东西向的公路，西侧100米为乌兰哈达苏木驻地，北侧低洼处有一条东西向的土路。岩画坐东向西，雕刻在一块黑灰色岩石上，内容为盘腿端坐的一尊佛像，雕刻手法为半浮雕式，岩石中间有一竖纹。岩画宽、高均为 2.5 米。

　　文 / 摄影：乌兰察布市四子王旗普查办

德力哈达岩画

　　德力哈达岩画位于锡林郭勒盟苏尼特右旗境内。现保存有动物图案6幅，其中4幅清楚完整，可分辨出鹿、马、狗等形象。

　　文／摄影：锡林郭勒盟苏尼特右旗普查办

德力哈达岩画

黑头山岩画

黑头山岩画分布环境

黑头山岩画局部

黑头山岩画局部

黑头山岩画局部

黑头山岩画位于赤峰市翁牛特旗阿什罕苏木巴润高口苏嘎查西南黑头山及其附近山体上，分布范围约20万平方米。共发现岩画32幅，主要见于黑头山的中部和顶部，附近山体也有零星分布。岩画以人面图、星宿图为主要题材，还有一些画面内容有待进一步考证。

文／摄影：赤峰市翁牛特旗普查办

巴拉乌拉岩画

巴拉乌拉岩画狩猎图

巴拉乌拉岩画骑马图

巴拉乌拉岩画群马图

巴拉乌拉岩画位于巴彦淖尔市乌拉特后旗获各琦苏木巴拉乌拉嘎查。在方圆1000平方米的范围内，共发现岩画21幅，以羊、马以及狩猎场景为主要题材。其中一幅"群马图"，分布在一块0.4平方米的岩石面上，约由10匹马组成，画面较小，写实性强，具有一定的代表性。

文／摄影：巴彦淖尔市乌拉特后旗普查办

海流斯太岩画

海流斯太岩画位于巴彦淖尔市乌拉特前旗乌拉山北麓海流斯太沟两侧山坡上。分布面积达900万平方米，共发现岩画1000多幅。主要题材有牛、羊、马、鹿以及狩猎图等。岩画一般见于红、黑色岩石上，保存基本完整，画面清晰，写实性较强。作画手法以打制、磨制为主。

文/摄影：巴彦淖尔市乌拉特前旗普查办

海流斯太岩画远景

海流斯太岩画局部

海流斯太岩画局部

海流斯太岩画局部

巴仁呼都格岩画

巴仁呼都格岩画大角鹿图

巴仁呼都格岩画群羊图

巴仁呼都格岩画北山羊图

巴仁呼都格岩画位于巴彦淖尔市乌拉特中旗海流图镇西北40公里的巴仁呼都格山中。分布面积约2平方公里，发现岩画200余幅。这批岩画图像清晰，画面较大，一般采用凿刻的手法作画，也有部分是磨刻的。

文/摄影：巴彦淖尔市乌拉特中旗普查办

阿会石窟寺

阿会石窟寺远景

阿会石窟寺窟龛

阿会石窟寺壁画

阿会石窟寺位于鄂尔多斯市东胜区塔拉壕镇潮脑梁村阿会社内。有1座大石窟和1座小石窟，均开凿于山沟的西壁上。大石窟进深约12米，面积约70平方米；门向东，门宽约2、高约4米，门口距地面高约2米；门口两侧墙壁有残缺的壁画，内部有一个向上露天的洞，洞壁处有用火痕迹，距门口约4米处的地面上有直径约5厘米的小洞。小石窟在大石窟北约20米，由于其距地面较高，普查队员无法到达，所以小石窟内部情况不明。两石窟外部面积约120平方米，初步推测，该石窟寺的主要使用年代在明清时期。

文／摄影：鄂尔多斯市东胜区普查办

都西石窟

都西石窟位于鄂尔多斯市鄂托克旗境内，四周为较开阔的砒砂岩地层，岩石上凿刻有石窟。石窟长5.2、宽4.9、高1.78米；门朝西，宽、高均为1.7米。石窟内有祭台、佛龛，但未见佛像；正中有方形石柱；其东侧石壁上有一个尚未完工的窟龛，面积约1平方米。初步推测，该石窟的主要使用年代在明清时期。

文／摄影：鄂尔多斯市鄂托克旗普查办

都西石窟全景

都西石窟背面

都西石窟佛像固定架孔

都西石窟内部

都西石窟祭祀台

乌兰阿贵石窟寺

乌兰阿贵石窟寺全景

乌兰阿贵石窟寺位于鄂尔多斯市杭锦旗境内，建于南北走向的"S"形红砂岩峭壁上，总面积1200平方米，南北两个峭壁共有石窟14处。7处较为完整，其中1处为大型石窟，内套3个小石窟，内窟进深3、宽2、高1.6米；外窟进深4、宽7、高3米。其余6处石窟高均为2、宽2.5米，窟口形状方、圆不等。另外7处石窟因风沙侵蚀等而破坏严重，原貌不存。石窟所处位置高于四周，石窟以下平缓地带原有清代寺庙，但"文革"期间被拆毁，现仅存基址，其中有一处喇嘛住房，主房原貌犹存。石窟以西，从山顶向西"一"字排列有20处塔基，再往南平缓地带共有15处建筑基址。石窟南丘陵顶部由南向北有2处建筑基址。若包括地面建筑基址，石窟总面积达5万平方米。初步推测，该石窟寺的主要使用年代在明清时期。

文／摄影：鄂尔多斯市杭锦旗普查办

乌兰阿贵石窟寺由北向南的三座石窟

乌兰阿贵石窟寺南端西向的三座石窟

庙塔石窟寺

庙塔石窟寺位于鄂尔多斯市准格尔旗薛家湾镇永胜壕村北约3公里，东侧紧临黄河西岸，西侧紧接深沟，南北两侧为天堑。在台地上有一石砌喇嘛佛塔，塔座为长方形，塔基长5.3、宽4.5米，塔身长5、宽4.5、高4.5米，由上、下两个佛龛组成，面朝东北。上面神龛高1.3、宽1、进深约1.5米，下面神龛高1.8、宽1.05、进深约2.3米，龛额顶端有一块楣石，上刻经文。塔尖高4.5米。佛塔东面的坡地上依山用石片砌筑了许多洞穴式建筑，鳞次栉比，别具特色，其中部分洞内有精美的壁画和彩绘雕塑，喇嘛洞南侧有一条石阶小道，蜿蜒而下直达河边，通往黄河渡口。初步推测，该石窟寺的主要使用年代在明清时期。

文／摄影：鄂尔多斯市准格尔旗普查办

庙塔石窟寺全景

庙塔石窟寺古道

庙塔石窟寺台地上石砌喇嘛佛塔

呼和哈敦沟摩崖石刻佛像

呼和哈墩沟摩崖石刻佛像

呼和哈墩沟摩崖石刻佛像位于通辽市库伦旗白音花镇查干朝鲁台村南1公里处阿其玛山西北侧的呼和哈敦沟峭壁上，东侧、南侧均为较深的自然冲沟，冲沟内为常年流水的小溪。摩崖石刻佛造像宽、高均为1.2米。摩崖石刻佛造像在库伦旗属首次发现，为库伦地区佛教文化研究提供了宝贵材料。

文/摄影：通辽市库伦旗普查办

双山子石刻

双山子石刻位于通辽市奈曼旗新镇双山子村北300米。双山子为东西走向，西侧为杜贵河支流上游，主峰为西山，海拔530米，东侧500米有一座海拔503米的山峰，两山相望，故称"双山子"。佛像石刻即分布在主峰峰顶。在峰顶岩石上，共有16组佛像石刻环峰分布，每组佛像石刻均凿刻在天然的巨石面上，线条舒展流畅，轮廓较为清晰，造像生动传神。阳面面南的有10组11尊，面西南的有2组2尊，阴面面东北的有4组4尊。东侧另有一组石刻文字，疑似藏文。佛像高30～50厘米。在石刻周围采集有金、元、明、清时期的青砖和残瓦。佛像石刻在奈曼旗属首次发现。

文／摄影：通辽市奈曼旗普查办

双山子石刻主峰南面偏西佛像石刻

双山子石刻主峰南面一组佛像石刻

双山子石刻主峰南面佛像石刻

元仓子石雕

元仓子石雕全景

元仓子石雕局部

元仓子石雕位于通辽市库伦旗扣河子镇元仓子村东南。石雕雕刻技法精湛，为清代早期遗物。

文 / 摄影：通辽市库伦旗普查办

近现代重要史迹及代表性建筑

内蒙古自治区第三次全国文物普查新发现

满洲里云杉社区二道街石头楼

满洲里云杉社区二道街石头楼全景

满洲里云杉社区二道街石头楼正面

满洲里云杉社区二道街石头楼位于呼伦贝尔市满洲里市南区云杉社区二道街路南。建于1901年，曾为中东铁路满洲里警务段宿舍，1932～1945年为日伪护路队营房。1946年以后一度为西满军区办事处，新中国成立后为铁路公寓，2000年至今为满洲里铁路房产。石头楼坐北朝南，为典型俄式石头建筑，面积614平方米，主体分为两层，深红色铁皮屋顶。

文/摄影：呼伦贝尔市满洲里市普查办

满洲里云杉社区二道街石头楼局部

满洲里站前社区俄式木刻楞

满洲里站前社区俄式木刻楞位于呼伦贝尔市满洲里市东湖区新开河街道办事处站前社区。建于1903年，原为中东铁路员工住宅，新中国成立后至今为铁路职工住宅。为典型的俄罗斯民居，具有冬暖夏凉、结实耐用等优点。建筑坐南朝北，主体为木结构，外墙和房顶注重红、黄、绿等色调的搭配运用，房檐、门檐和窗檐为彩色雕刻，做工精细。由于常年受风雨侵蚀，外表漆色多已经剥离。

文/摄影：呼伦贝尔市满洲里市扎赉诺尔区普查办

满洲里站前社区俄式木刻楞全景

免渡河俄式木刻楞

免渡河俄式木刻楞全景

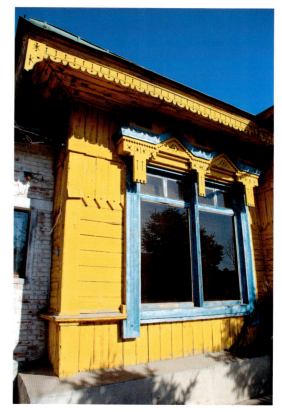

　　免渡河俄式木刻楞位于呼伦贝尔市牙克石市免渡河镇免政居委会二区一组站前路免渡河车站西北150米。建于1903年，是沙俄修筑中东铁路时期建筑的房屋，木质结构，东西长18、南北宽12.5米，占地面积224平方米。俄罗斯式建筑风格显著，木构房屋，为原木交错叠建，原木之间垫有草辫子，外表用宽0.25、厚0.03米的木板镶饰，房顶由铁皮覆盖，门窗边框、房檐用彩色雕塑漆绘。现为旅店。

　　文／摄影：呼伦贝尔市牙克石市普查办

免渡河俄式木刻楞南面局部

伊列克得俄式木刻楞

伊列克得俄式木刻楞南面

伊列克得俄式木刻楞局部

伊列克得俄式木刻楞位于呼伦贝尔市牙克石市乌奴耳办事处伊列克得居委会伊列克得火车站东北300米。共3座房屋,编号为01号(东)、02号(中)、03号(西)。建于1903年,是沙俄修筑中东铁路时期建筑的房屋,木质结构,平面呈长方形。01号东西长21.2、南北宽10、总高6.3米,占地面积212平方米;共两层,一层为石砌,宽度是二层的1/2,高3.3米。02号东西长20.1、南北宽9.5、总高7米,占地面积约191平方米;共两层,层为石砌,宽度是二层的二分之一,高3.5米。03号东西长12.2、南北宽10.7、总高4.1米,占地面积131平方米;底座为石砌,高0.8米。01号、02号、03号尺寸不同,但造型设计相同,都是典型俄式木构房屋,原木叠建,原木之间垫有草辫子,外壁用宽0.2、厚0.03米的木板镶饰,房顶由俄制铁皮覆盖,门窗边框、房檐及房屋上半部用彩色雕塑漆绘。

文/摄影:呼伦贝尔市牙克石市普查办

博克图警署旧址

博克图警署旧址全景

博克图警署旧址西面

博克图警署旧址位于呼伦贝尔市牙克石市博克图镇博铁社区居委会三区铁路西二道街。建于1903年，是沙俄中东铁路警署，砖木结构，东西最长35、南北最宽14米，占地面积490平方米，为俄罗斯式风格建筑。1932年日本占领博克图后成立博克图伪满洲国警察分署，主要任务是维护当地治安，征收粮食，摊派劳工，镇压抗日民众。现在闲置。

文／摄影：呼伦贝尔市牙克石市普查办

博克图日本宪兵队旧址

博克图日本宪兵队旧址位于呼伦贝尔市牙克石市博克图镇博铁社区居委会三区铁路东一道街。为俄罗斯式风格建筑，东西最长90、南北最宽33米，占地面积2970平方米。主体为木结构，外包砖，中间加亚麻。建于1903年，原为沙俄中东铁路护路军机关办公室；1932年，日军占领博克图后，即配属了宪兵队；1934年成立宪兵分驻所，1936年改为分遣队，1939年改为派遣队，1945年为宪兵分队，归属齐齐哈尔宪兵队领导。现为博克图镇第二百货商店。

文／摄影：呼伦贝尔市牙克石市普查办

博克图日本宪兵队旧址南面

博克图日本宪兵队旧址东面

博克图日本宪兵队旧址内部

免渡河东正教教堂

免渡河东正教教堂钟楼

免渡河东正教教堂正面全景

免渡河东正教教堂东面

免渡河东正教教堂位于呼伦贝尔市牙克石市免渡河镇免政居委会二区一组站前路免渡河铁路电力工区院内。建于1903年，是修建中东铁路时期由迁入免渡河的东正教教徒(大部分为俄国人)集资修建的，俄罗斯建筑风格显著。石、砖、木结构，凸出部分为砖砌，其他部分为石砌，墙体为黄、红色调，拱形窗，檐上砌柱饰。南北最长22.5、东西最宽13.6、高13米，共两层，占地面积306平方米。当时教徒约1000余人，每逢节假日、礼拜日在这里讲经传道，敲钟祈祷。侵华日军占领免渡河后，东正教教堂被关东军征用作为发电厂。新中国成立后，由当地铁路部门作为发电厂使用，现闲置。

文／摄影：呼伦贝尔市牙克石市普查办

免渡河东正教教堂北面

免渡河中东铁路桥

免渡河中东铁路桥全景

免渡河中东铁路桥局部

免渡河中东铁路桥位于呼伦贝尔市牙克石市免渡河镇免辉居委会五区东南 2.5 公里。始建于 1903 年，1905 年建成并投入使用。铁路桥为南北走向，长 150、宽 5、高 7 米，为沙浆砌石，砌料不镶面，十洞石拱桥。桥两侧砌有护栏，宽 0.3、高 0.3 米。该桥由于年久失修，加之无伸缩缝，石料已风化松动，于 1983 年 10 月铁路线转线，变更为公路桥，现仍在使用。在桥北入口东 15 米处有 1 座碉堡，是侵华日军为守护大桥而浇筑。碉堡直径 2.7、原高 5、厚 0.4 米，1958 年被拆毁，现存高仅 0.6 米。

文／摄影：呼伦贝尔市牙克石市普查办

博克图沙俄护路军司令部旧址

博克图沙俄护路军司令部旧址西面局部

博克图沙俄护路军司令部旧址东面

博克图沙俄护路军司令部旧址东南面

博克图沙俄护路军司令部旧址位于呼伦贝尔市牙克石市博克图镇博铁居委会三区365号。始建于1903年，是沙俄修建中东铁路时的护路军司令部，1936年为日本宪兵队司令部。石、砖、铁结构，俄罗斯建筑风格显著。平面呈长方形，南北长21.7、东西宽11米，面积约477平方米。墙表面凸出部分为砖砌，其他部分为石砌，水泥勾缝，墙宽0.8米。共两层，每层6个套间。现为呼伦贝尔市慧达中药材收购有限责任公司所有。

文／摄影：呼伦贝尔市牙克石市普查办

博克图沙俄护路军司令部旧址南面

牙克石中东铁路蒸汽机车水塔

牙克石中东铁路蒸汽机车水塔远景

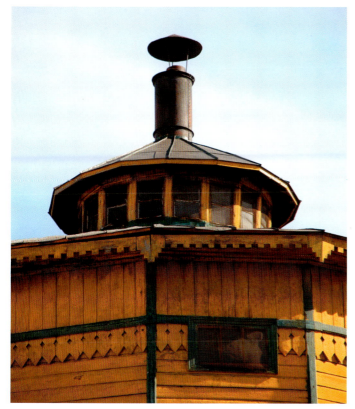

牙克石中东铁路蒸汽机车水塔顶部

牙克石中东铁路蒸汽机车水塔位于呼伦贝尔市牙克石市永兴街道办事处永强居委会牙克石火车站行李房西20米。建于1903年，为典型的俄罗斯风格建筑。水塔占地面积42平方米，平面呈圆形，通高16米，为砖、石、铁、木混筑而成。底座为石砌，直径约8.3、高1.8米。塔身为砖砌，高7米。塔端水箱中间部分为铁结构，外部饰以木质装饰，容量240吨。1995年内燃机车取代蒸汽机车，水塔停止使用。

文／摄影：呼伦贝尔市牙克石市普查办

中东铁路扎兰屯机车修理车间旧址

中东铁路扎兰屯机车修理车间旧址全景

中东铁路扎兰屯机车修理车间旧址位于呼伦贝尔市扎兰屯市兴华街道办事处铁路居委会铁路线桥队劳服公司院内。1903年修建，为砖木结构，面积1200平方米。当时博克图至扎兰屯、昂昂溪至扎兰屯的列车在此折返，该车间对这些车辆进行检修。1945年后，为扎兰屯铁路折返段；1970年后，为海拉尔铁路分局扎兰屯线桥队。因为年代久远，房屋已老化，现在作为临时仓库使用。

　　文／摄影：呼伦贝尔市扎兰屯市普查办

中东铁路扎兰屯机车修理车间旧址室内局部

扎赉诺尔东风社区俄式建筑

扎赉诺尔东风社区俄式建筑正视

扎赉诺尔东风社区俄式建筑侧视

　　扎赉诺尔东风社区俄式建筑位于呼伦贝尔巿满洲里市扎赉诺尔区第二街道办事处东风社区，属满清末年典型的俄式建筑，屋顶、外墙尤其能体现出欧式的建筑风格。建于1904年，俄国人在扎赉诺尔区开采煤矿时曾作为管理人员的住所，现为矿工家属宿舍。建筑为砖木结构，坐东朝西，占地面积300余平方米。一栋2户或4户，内部全为实木地板，且有地窖。

　　文／摄影：呼伦贝尔市满洲里市扎赉诺尔区普查办

扎赉诺尔友谊社区俄式石头房

扎赉诺尔友谊社区俄式石头房

扎赉诺尔友谊社区俄式石头房局部

扎赉诺尔友谊社区俄式石头房位于呼伦贝尔市满洲里市扎赉诺尔区第一街道办事处友谊社区。为俄式建筑，建于1904年，当时为俄国在扎赉诺尔区开采煤矿的员工俱乐部，现在为华能煤业公司职工家属宿舍。坐北朝南，石头砌筑，占地面积200余平方米。外形敦实厚重，入口根据住宅布局设置，故朝向不一。入口处一般有耳房，木结构，屋顶多为四坡水。

文/摄影：呼伦贝尔市满洲里市扎赉诺尔区普查办

扎赉诺尔友谊社区俄式石头房正面

免渡河铁道学校旧址

免渡河铁道学校旧址东南立面

免渡河铁道学校旧址取暖设备

　　免渡河铁道学校旧址位于呼伦贝尔市牙克石市免渡河镇免政居委会三区一组镇政府幼儿园院内。建于1907年，是清政府和沙俄合办的中东铁路西线免渡河铁道学校。有木刻楞建筑2座，分别为118号、119号，典型俄式木构房屋，用原木交错叠建，原木之间垫有草辫子，外表用宽0.25、厚0.03米木板镶饰，房顶由铁皮覆盖，门窗边框用彩色雕塑漆绘。118号房屋东西长21、南北宽7米，平面呈长方形，占地面积147平方米。119号房屋东西最长27.5、南北最宽14.5米，占地面积299平方米。

　　文／摄影：呼伦贝尔市牙克石市普查办

海拉尔铁路牡丹小区俄式木刻楞

海拉尔铁路牡丹小区俄式木刻楞正面全景

海拉尔铁路牡丹小区俄式木刻楞侧面

海拉尔铁路牡丹小区俄式木刻楞位于呼伦贝尔市海拉尔区靠山街道办事处牡丹小区，始建于1908年左右。因为当时修建的中东铁路由俄罗斯人设计施工，为了便于施工，在铁路两侧盖了很多俄罗斯式建筑，至今保存下来的很少。该建筑长约20、宽约8米，面积约160平方米，南北走向。房屋为木结构，木制的房梁、棚面仍保持原貌，内部结构未经变动，外面墙壁仍以俄罗斯风格木制雕刻为主，保存完整。房顶以铁制为主。该建筑体现了俄罗斯木刻楞建筑风格。

　　文／摄影：呼伦贝尔市海拉尔区普查办

海拉尔铁路牡丹小区俄式木刻楞局部

新堂天主堂

新堂天主堂侧面

　　新堂天主堂位于乌兰察布市凉城县岱海镇解放一居委宣德街与新华街交汇处。建于1912年，为哥特式建筑，平面呈十字形，砖木结构，铁皮屋顶。南北长49、东西宽33米，面积约839平方米。前檐高6米，脊高10.5米，十字脊中部有一钟楼，高4.5米。教堂内有立柱28根。该教堂虽经数次维修，但外观原貌尚存。

　　文／摄影：乌兰察布市凉城县普查办

新堂天主堂正面

成德公故居

成德公故居全貌

成德公故居位于呼伦贝尔市海拉尔区西大街。建于1921年，占地面积500平方米，建筑面积130平方米，是标准的四合院。主房的东、西两侧各有两个厢房，均为砖瓦结构。房檐和窗框都是用红砖、木材雕砌成的雕饰，正房的屋脊设计很独特，上面是精致的砖雕，线条和造型都很典雅。当年居住在海拉尔、南屯、莫和尔图等地的达斡尔人都称该建筑为"乌兰格尔"，居住在那里的人被称为"红房子的人"。

文／摄影：呼伦贝尔市海拉尔区普查办

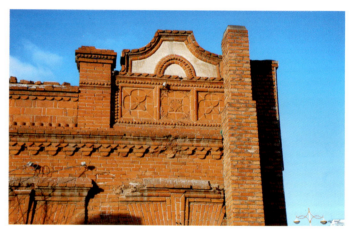

成德公故居局部

成德公故居局部

平绥铁路白塔火车站旧址

平绥铁路白塔火车站旧址全景

平绥铁路白塔火车站旧址侧面

平绥铁路白塔火车站旧址位于呼和浩特市新城区巴彦镇黑土凹村东。始建于1921年，1938年日本人侵略归绥后对其进行了扩建。现占地面积3400平方米，面阔21、进深13.6、通高6.1米，由站房、信号房、碉堡等多座建筑组成。站房、信号房、其他公用房为砖木结构，碉堡为砖混结构，基本保持原貌。该火车站为平绥铁路沿线上现存极少、又保存较完整的二三级小站。它与现在的白塔火车站相邻，是呼和浩特地区重要的近现代代表性建筑。

文／摄影：呼和浩特市普查办

平绥铁路白塔火车站旧址顶部

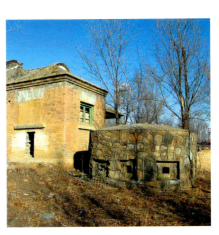

平绥铁路白塔火车站旧址之碉堡

兴安牧场侵华日军办公旧址

兴安牧场侵华日军办公旧址局部

兴安牧场侵华日军办公旧址位于呼伦贝尔市扎兰屯市卧牛河镇扎兰屯马场。建于1935年，面积252平方米，砖木结构，人字屋架，双坡顶铁皮屋面，平面及外形比较简单，但是砖砌纹饰、转角隅石、窗口额罩等颇具特色，尤其是山墙的木质吊脚、垂架别具一格，这是俄罗斯建筑的一大特色。日本开拓团进入该地区后，建成该建筑，一直为开拓团的高级管理人员的办公地，后期用于民用住房。1945年5月日本侵略者无条件投降后，该建筑随日军溃退而瘫痪。旧址屋内结构和当时的一样，只是对墙面、地面进行过改动。现为马场职工住宅。

文／摄影：呼伦贝尔市扎兰屯市普查办

兴安牧场侵华日军办公旧址山墙

兴安牧场侵华日军办公旧址局部

新南沟伪满洲国公路桥

新南沟伪满洲国公路桥北立面

新南沟伪满洲国公路桥南立面局部

　　新南沟伪满洲国公路桥位于呼伦贝尔市牙克石市博克图镇博西居委会三区八组，即301国道博克图段1077公里930米北15米。建于1938年，东西走向，钢筋混凝土结构，一洞拱桥。桥长62、宽6米。护栏高0.5、宽0.2米。横跨兴安岭螺旋展线554公里810米处，是日本帝国主义为加强军事镇压和大肆掠夺大兴安岭丰富资源而修建的军用公路桥。新中国成立后，作为301国道公路桥使用。2003年301国道新线通车，此桥停止使用。

　　文／摄影：呼伦贝尔市牙克石市普查办

苗圃后沟侵华日军阵地旧址

苗圃后沟侵华日军阵地旧址位于兴安盟阿尔山市五岔沟镇五岔沟村苗圃后沟沟堵、山顶及山坡上。该阵地建于1940～1944年，是侵华日军为防御苏蒙军队进攻而修筑的二线阵地，由13个望远镜掩体、10个掩蔽部、7个仓库、5个机枪掩体、5个瞭望哨和2个蓄水池构成。望远镜掩体为钢筋混凝土结构，圆形，直径2、高2米，有入口和瞭望口，入口为长方形，高1.7、宽0.9米。掩蔽部为长方形，内部长5、宽3、高2.5米。仓库为洞室结构，呈"T"形，洞口宽3、高2.6、进深15米、横向40米，均为毛洞，未采取任何加固措施，有几个洞室有坍塌现象。机枪掩体为圆形，直径2.5、高2米，有入口和射击孔。瞭望哨间距不等，均为水泥沙石结构，平面呈圆形，直径2、高2米；设有长方形入口，宽0.9、高1.7米。蓄水池为长方形，长7、宽4、深2米。

文/摄影：兴安盟阿尔山市普查办

苗圃后沟侵华日军阵地旧址机枪掩体

苗圃后沟侵华日军阵地旧址掩蔽部入口

苗圃后沟侵华日军阵地旧址掩蔽部内部

兴安岭酒业有限公司

兴安岭酒业有限公司正门

兴安岭酒业有限公司酒厂烟囱

兴安岭酒业有限公司 1958 年橡木酒桶

兴安岭酒业有限公司位于呼伦贝尔市牙克石市新工街道办事处新华居委会越桔路21号。该厂原建于1943年，为日本帝国主义侵华时期出于远东战略需要而建的"大同酒精厂"。1945年第二次世界大战结束后，被俄侨沃伦错夫占为己有，1949年春内蒙古自治区工业局出面与沃伦错夫洽谈作价购回，1956年8月在原酒精厂兴建牙克石色酒厂，1959年更名为牙克石酒精厂，1964年更名为牙克石果酒厂，1973年更名为牙克石酿酒厂，1996年由地方国营改制为股份制，2004年7月公司改制为私营企业。该厂占地面积13.6万平方米，建筑面积4.2万平方米。

文／摄影：呼伦贝尔市牙克石市普查办

兴安岭酒业有限公司 1956 年橡木酒桶

蘑菇山日伪防坦克战壕旧址

蘑菇山日伪防坦克战壕旧址

蘑菇山日伪防坦克战壕旧址位于呼伦贝尔市满洲里市扎赉诺尔区北4公里处。建于伪满洲国时期，为日本帝国主义在呼伦贝尔地区为防御苏联所建的防御工事。日本关东军曾在此驻扎。蘑菇山日伪防坦克战壕分为东、西两条线，东线长近1600余米，西线长约2300米，为阻滞苏军坦克行动而构筑的一种沟壕式障碍，切断其进攻路线，且与蘑菇山军事掩体相互辅助，形成交叉火力网。此处军事位置至关重要，占据此处可切断扎赉诺尔与满洲里之间的联系。战壕虽然常年暴露于野外，风吹雨淋，但依然清晰可见。

文／摄影：呼伦贝尔市满洲里市扎赉诺尔区普查办

蘑菇山日伪防坦克战壕旧址

蘑菇山日伪防坦克战壕旧址

伊胡塔火车站旧址

伊胡塔火车站旧址正面

伊胡塔火车站旧址侧面

伊胡塔火车站旧址背面

伊胡塔火车站旧址位于通辽市科尔沁左翼后旗甘旗卡镇伊胡塔村内，处于郑家屯—大虎山铁路线中段，周围均是住房。该车站基本呈长方形，南北长50、东西宽20米，面积约1000平方米。在日伪时期用于单线铁路列车的会让和双线铁路的越行作业，配备有到发线、货物线和客运线等主要设施。该火车站现已停用。

文/摄影：通辽市科尔沁左翼后旗普查办

海拉尔侵华日军铁路桥头堡

海拉尔侵华日军铁路桥头堡北面

海拉尔侵华日军铁路桥头堡南面

海拉尔侵华日军铁路桥头堡位于呼伦贝尔市海拉尔区靠山街。日军侵占海拉尔后，日本人强迫一个姓宋的中国人出资修建，当时是单轨道。现在只剩1个桥头堡、5个桥墩，桥头堡背面有1个门，共有4个观察窗户、8个射击口，堡内有天梯通往堡顶。桥头堡长9.2、宽6、高4.7米。

文/摄影：呼伦贝尔市海拉尔区普查办

海拉尔侵华日军铁路桥头堡侧面

铁君山侵华日军碉堡群

铁君山侵华日军碉堡群位于乌兰察布市集宁区新华街街道办事处铁君山社区西 120 米处的铁君山山顶。铁君山侵华日军碉堡群是抗日战争时期侵华日军建造水厂时修筑的，解放战争时期在集宁战役中曾作为国民党驻集宁的最高指挥部。碉堡平均直径 6 米，地表以上高度 1.5 米，埋在地下部分深约 1.5 米。

文／摄影：乌兰察布市集宁区普查办

铁君山侵华日军碉堡群局部

铁君山侵华日军碉堡群局部

铁君山侵华日军碉堡群局部

铁君山侵华日军碉堡群局部

小靠山屯侵华日军碉堡

小靠山屯侵华日军碉堡

小靠山屯侵华日军碉堡位于兴安盟科尔沁右翼前旗居力很镇靠山村小靠山屯北20米，北侧紧靠归流河。碉堡为钢筋混凝土结构，平面为椭圆形，上部分保存较好。距地面0.2米处，水泥少部分脱落。碉堡直径4.5、高4.5、壁厚0.24米，西南有门；碉堡四周有射击孔18个。其西北50米处有日伪时期修建的铁路桥，南北走向，总长240、桥高5.5米，有7个桥墩、8个桥洞。铁路桥现在仍在使用，白阿（白城—阿尔山）铁路从此穿过。碉堡应该是与铁路桥同时期修建，用于对铁路桥的看护和武装守卫。碉堡和铁路桥总面积近1500平方米。

文/摄影：兴安盟科尔沁右翼前旗普查办

吐列毛杜侵华日军工事掩体

吐列毛杜侵华日军工事掩体位于兴安盟科尔沁右翼中旗吐列毛杜镇政府所在地南、北山顶和山坡上，钢筋混凝土结构。南山有4座暗堡、1个明碉，分布在两个相邻的小山头上。与之相距400米，东侧小山头上有2座暗堡，圆形地穴式。西侧小山头上有2座暗堡，其中1座为圆形，1座为长方形，均为地穴式。1座明碉属半地穴式"之"字形，现顶盖已被村民砸碎取走钢筋，墙体及地面悬空，楼板尚存。北山2座明碉在半山腰上，相距300米；半地穴式，长31、宽3米，两头开门，各有4个射击孔朝向山沟。明碉上部东侧山顶有6座暗堡，地穴式，有圆形、方形和多边形，西侧山顶有4座与东侧相同。此处的明碉暗堡均被村民打碎顶盖盗走钢筋，但墙体、门和射击孔依然明显。此日军工事掩体南北夹击吐列毛杜山沟，形成控扼吐列毛杜要塞的交叉火力配置。

文／摄影：兴安盟科尔沁右翼中旗普查办

吐列毛杜侵华日军工事掩体全景

吐列毛杜侵华日军工事掩体局部

吐列毛杜侵华日军工事掩体局部

吐列毛杜侵华日军工事掩体局部

甘珠尔庙侵华日军工事

甘珠尔庙侵华日军工事远景

甘珠尔庙侵华日军工事位于呼伦贝尔市新巴尔虎左旗阿木古拉宝力格苏木甘珠尔嘎查。1939年5月，在今新巴尔虎左旗诺门罕布日德地区及今蒙古国哈拉哈河中下游两岸，爆发了一场震惊世界的"满"蒙边境战争，即诺门罕战争。战争前夕，日本关东军以守卫甘珠尔庙为由，将甘珠尔庙作为临时指挥部，还将此地用作野战机场。为守卫指挥部和机场，日军在周围建立起一批防御工事，目前已发现8座。战争爆发时，日军把这些工事全部掩埋，并将临时指挥部和野战机场转移到将军庙。20世纪50年代，甘珠尔庙侵华日军工事被当地牧民偶然挖掘而重现于世。这批工事大小不一，均为钢筋混凝土结构，设有机枪眼，内部可贮藏弹药、粮食等军用物资，用于固守。

文／摄影：呼伦贝尔市新巴尔虎左旗普查办

甘珠尔庙侵华日军工事正面

甘珠尔庙侵华日军工事近景

甘珠尔庙侵华日军工事局部

元宝山侵华日军飞机库旧址

元宝山侵华日军飞机库旧址远景

元宝山侵华日军飞机库旧址入口

元宝山侵华日军飞机库旧址侧面

元宝山侵华日军飞机库旧址位于赤峰市元宝山区平庄镇马蹄营子乡，在3.4平方公里范围内发现飞机库及附属弹药库8个，基本保存完好。飞机库为钢筋混凝土结构，圆拱形，入口宽30、顶部高6.1米，飞机库进深22米。在飞机库对面15米处，设有弹药库，半地穴式结构，半圆穹隆顶。

文/摄影：赤峰市元宝山区普查办

包头临时县政府旧址

包头临时县政府旧址全景

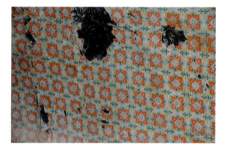

包头临时县政府旧址窑洞内壁纸

包头临时县政府旧址局部

包头临时县政府旧址位于鄂尔多斯市达拉特旗恩格贝镇吐斯图村的一道大沟之中。抗日战争初期，中共包头县委迫于当时的处境，为了积极开展抗日游击战争而撤到了黄河南岸（今鄂尔多斯市达拉特旗境内），并成立了临时县政府。该临时县政府旧址现存土窑洞16间，包括县委和县政府办公窑洞、警卫员窑洞等，还有用于隐蔽和撤退的地道。抗日战争胜利后，中共包头县委机关才从黄河南岸返回黄河北岸的包头地区。

文／摄影：鄂尔多斯市达拉特旗普查办

包头临时县政府旧址窑洞内部

米仓县政府旧址

米仓县政府旧址位于巴彦淖尔市杭锦后旗三道桥镇和平村六社杨家河干渠桥北100米处，由正房、南房、东房及仓库组成四合院，有门洞及走廊。南北长45、东西宽44米，面积2113平方米。1942年夏，傅作义在后套实行新县制，划分原五原、临河、安北三县境域，新立米仓、狼山、晏江三县和陕坝一市，杭锦后旗现五星、光荣、红旗乡属临河，永胜、红星、团结、联合乡属狼山，其余乡村属米仓县。1949年9月19日，董其武在包头宣布绥远起义。1950年2月26日，绥远省人民政府派生产建设工作团接管了国民党政府米仓县政权。1950年3月20日，成立绥远省陕坝专员公署。4月25日成立米仓县人民政府，县政府设在今三道桥镇。1953年9月28日，改米仓县为杭锦后旗。此旧址建于1950年，大部分保存尚好，但房屋根基破损严重，南面屋顶塌陷，大门及西侧房屋上的女墙部分损坏。

文／摄影：巴彦淖尔市杭锦后旗普查办

米仓县政府旧址南门

米仓县政府旧址正房

米仓县政府旧址南门女墙

朝鲜人民军总后勤部燃油局驻满洲里九七零部队旧址

朝鲜人民军总后勤部燃油局驻满洲里九七零部队旧址全景

朝鲜人民军总后勤部燃油局驻满洲里九七零部队旧址位于呼伦贝尔市满洲里市三道街中段路北，三道街小学院内。建于1950年，当时为朝鲜驻满洲里部队办事处。建筑坐北朝南，面积近4900平方米，整体分为上、下两层，砖木结构，蓝色铁皮屋顶。1953年7月为朝鲜人民军总后勤部燃油局九七零部队驻地，1957年5月朝鲜驻满洲里部队办事处撤销，满洲里市人民委员会将其作为满洲里市三道街小学校舍使用至今。

文／摄影：呼伦贝尔市满洲里市普查办

朝鲜人民军总后勤部燃油局驻满洲里九七零部队旧址局部

满洲里苏联专家办公楼旧址

满洲里苏联专家办公楼旧址全景

满洲里苏联专家办公楼旧址侧面

满洲里苏联专家办公楼旧址位于呼伦贝尔市满洲里市南区丁香园社区三道街南。建于1952年，为俄罗斯式风格建筑，外墙以黄、白色调为主，蓝色铁皮屋顶，面积近1600平方米。原为苏联专家办公楼；1958年苏联专家撤离后，作为满洲里铁路地区党委办公楼；现为满洲里铁路安全分局、公安段办公楼。

文／摄影：呼伦贝尔市满洲里市普查办

满洲里市人民银行旧址

满洲里市人民银行旧址局部

满洲里市人民银行旧址位于呼伦贝尔市满洲里市海关社区三道街与市政路交汇处，为典型俄罗斯式建筑，面积2535平方米。坐北朝南，整体分上、下两层，灰色铁皮屋顶。满洲里市人民银行建于1952年，60年代与财政局、税务局合用。70年代人民银行迁出，农业银行与工商银行共同使用。1986年至今为满洲里市工商银行使用。

文／摄影：呼伦贝尔市满洲里市普查办

满洲里市人民银行旧址全景

西太本供销合作社旧址

西太本供销合作社旧址正面全景

西太本供销合作社旧址门额

西太本供销合作社旧址局部

西太本供销合作社旧址位于兴安盟科尔沁右翼中旗高力板镇西太本嘎查西太本艾里公路北侧。建于1953年，具有俄罗斯式建筑风格，为一层起脊砖瓦结构，长13.7、宽7米，面积约96平方米。门额上书蒙文，下书汉文，右写西太本供销合作社，窗下左起竖写"鼓足干劲、力争上游、多快好省地建设社会主义"，门楣上绘有红太阳。原为西太本苏木供销社，1999年被村民购买。

文/摄影：兴安盟科尔沁右翼中旗普查办

二连浩特市旧火车站

二连浩特市旧火车站正面全景

二连浩特市旧火车站主楼及站台

二连浩特市旧火车站位于锡林郭勒盟二连浩特市东城街道办事处铁路社区内。始建于1955年，是一座3层小楼，坐东朝西，为融中、西建筑风格于一体的近现代代表性建筑。该火车站是呼和浩特铁路局集宁铁路分局管辖的二等国际联运口岸车站，是我国通往欧洲各国的重要门户，承担着进出口车辆与货物的交接业务。1965年，集二线拨轨后改为国际铁路联运换装站，承担进出口货物的交接换装作业和国际旅客列车转向架换装作业，并办理国内客货运输。1984年以来，该站进行了大规模扩建，站场分为准轨和宽轨两个场。准轨场内有到发线6股、调车线5股、换装线12股、其他线21股；宽轨场有到发线7股、货车线5股、调车线4股、换装线9股、其他线12股。全站站线总延长50余公里。每天接发客车3对、货车33对，年吞吐能力达200～260万吨。世界80多个国家和地区的旅客从该站出入境，每年达2万人。

文／摄影：锡林郭勒盟二连浩特市普查办

白石头大跃进炼铁炉旧址

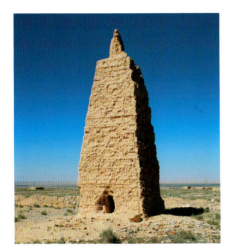

白石头大跃进炼铁炉旧址全景

白石头大跃进炼铁炉旧址保留有炉膛的土台遗迹

白石头大跃进炼铁炉旧址地面散落的炉渣

白石头大跃进炼铁炉旧址地面散落的铁矿石

白石头大跃进炼铁炉旧址位于阿拉善盟阿拉善左旗巴润别立镇岗格嘎查东北10公里白石头处。在东西宽35、南北长130米的范围内，自北向南由1座烟囱和11座土台"一"字排列组成。烟囱呈塔状，下大上小，由土坯砌筑而成。烟囱底部长3.46、宽3.16米，高8.2米，顶部受风雨侵蚀一半已坍塌，两侧底部各留有一拱形门洞。烟囱南侧有10座土台遗迹，自北向南"一"字排列，间隔4米；东侧有1座土台遗迹。地面散落有大量的炉渣、被烧化的红砖及铁矿石等。大跃进时期，为完成1958年全国生产1070万吨钢铁的生产任务，全民大炼钢铁，提出了"中小结合以小为主，土洋结合以土为主"的指导方针，兴起了一场全民大炼钢铁运动。巴润别立镇作为矿业资源比较丰富的地区，承担了重要的任务。

文/摄影：阿拉善盟阿拉善左旗普查办

黄河三盛公水利枢纽

黄河三盛公水利枢纽南视全景

黄河三盛公水利枢纽北视全景

黄河三盛公水利枢纽进水闸

黄河三盛公水利枢纽拦河闸

　　黄河三盛公水利枢纽位于巴彦淖尔市磴口县与鄂尔多斯杭锦旗相交的黄河干流上，建于1959年9月，是内蒙古最大的引水灌溉工程，是黄河流域唯一的以灌溉为主的一首制引水大型平原闸坝工程，目前灌溉面积58万公顷，河套灌区因其成为亚洲最大的一首制平原闸坝引水灌区，堪称"万里黄河第一闸"。三盛公水利枢纽主体建筑由拦河闸、北干渠进水闸、拦河土坝组成。拦河闸长约326米，共18孔。北干渠进水闸长105米，共9孔。两闸以圆头相连，保存状况良好。现已开发为著名水利风景区。

黄河三盛公水利枢纽两闸相连处转角建筑

　　　　文／摄影：巴彦淖尔市磴口县普查办

阿龙山弹药库旧址

阿龙山弹药库旧址位于呼伦贝尔市根河市阿龙山镇阿龙山西侧2.5公里处公路西侧的山脚下，是20世纪60年代中苏关系恶化时期修筑的军事设施，宽9、长12、高6米。后因中苏关系有所缓和，该弹药库建设工程中止，而改为它用。调查时前门不存，内部地板已全部损坏。

文／摄影：呼伦贝尔市根河市普查办

阿龙山弹药库旧址全景

渡口一级扬水站

渡口一级扬水站全景

渡口一级扬水站标语

渡口一级扬水站设备

渡口一级扬水站位于乌海市海南区巴音陶亥镇渡口村，黄河大桥东南200米处黄河东岸固定河床上。1965年开始筹建，1966年建成并投入使用。总占地面积约2000平方米，有6台套机组，7台水泵。干渠总长53公里，起始处写有"人听毛主席的话，水听人的话"标语。扬水站抽水量为3.85立方米／秒，灌溉农田约1.3万亩。该扬水站属于"文革"时期的水利工程，至今仍为巴音陶亥镇的"动脉血管"，供应当地所有农业用水。

文／摄影：乌海市普查办

渡口一级扬水站输水管道

敖鲁古雅鄂温克族猎民墓地

敖鲁古雅鄂温克族猎民墓地位于呼伦贝尔市根河市敖鲁古雅鄂温克民族乡，距满归镇15.5公里，邻近敖鲁古雅河。根河市境内的敖鲁古雅鄂温克猎民是从原始社会末期直接过渡到社会主义社会的一个特殊的少数民族群体。他们长年居住在大兴安岭深处，依靠狩猎和饲养驯鹿为生，被称为"使鹿部落"，是"中国最后的狩猎部落"，也是我国迄今唯一饲养驯鹿和保存"驯鹿文化"的民族。1965年经内蒙古自治区人民政府批准，在今根河市境内的敖鲁古雅地区定居、建乡，故鄂温克猎民死后多葬于此。

敖鲁古雅鄂温克猎民有着独特的丧葬习俗。起初，鄂温克猎民死后进行风葬，没有固定的墓地。后来受到东正教的影响，开始实行土葬，定居后也就有了墓地。墓地按氏族划分为四处。埋葬后在坟前立一个十字架，这种架子因死者的身份不同而存在差异，如高度、木碑上木架栏数都不是固定的。这批墓葬单体面积都在3平方米左右，其中尤属最后一位萨满墓最为重要，她的传奇经历和社会地位都使得她的墓葬与众不同。

文／摄影：呼伦贝尔市根河市普查办

敖鲁古雅鄂温克族猎民墓地阿力克山德之墓

敖鲁古雅鄂温克族猎民墓地达吉亚娜之墓

敖鲁古雅鄂温克族猎民墓地果斯克之墓

敖鲁古雅鄂温克族猎民墓地果利之墓

敖鲁古雅鄂温克族猎民墓地何林夫妇墓

敖鲁古雅鄂温克族猎民墓地娜仁之墓

敖鲁古雅鄂温克族猎民墓地萨满牛拉之墓

敖鲁古雅鄂温克族猎民墓地维格德之墓

敖鲁古雅鄂温克族猎民墓地依琳娜之墓

巴音陶亥二级扬水站

巴音陶亥二级扬水站位于乌海市海南区巴音陶亥镇巴音陶亥村。建于1968年，占地面积约1800平方米，有设备机房1处、窑洞3间，其中一间窑洞为库房，两间为办公区。初建时有5台水泵，2004年新增1台水泵。现在抽水量为3.5立方米／秒，灌溉农田1.2万亩。扬水站干渠起始处有"毛主席万岁"的标语。机房设备陈旧，多年来该站对设备进行定期维修，现在仍能运行。该扬水站作为巴音陶亥镇的主要水利灌溉工程，对当地农业发展起到了至关重要的作用。

文／摄影：乌海市普查办

巴音陶亥二级扬水站全景

巴音陶亥二级扬水站局部

巴音陶亥二级扬水站标语

巴音陶亥二级扬水站标语

巴音陶亥二级扬水站局部

巴音陶亥二级扬水站标语

水口五七干校旧址

水口五七干校旧址远景

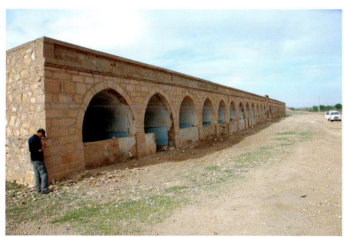

水口五七干校旧址近景

水口五七干校旧址位于乌兰察布市四子王旗乌兰花镇西北10公里处。校址坐北朝南，背山面水，平面呈长方形，面积约684平方米，为一进两开窑洞式建筑，总长度为100、高为4.5、进深为5.9米。中间门洞上方雕有五星，它将24间窑洞分为东西各12间。墙体为石条垒砌，顶部为土坯筑成。1969年，为贯彻毛泽东的指示办起了这所五七干校，大量知识分子和干部在这里接受锻炼。五七干校是"文化大革命"时期的标志性建筑之一。

文／摄影：乌兰察布市四子王旗普查办

磴口内蒙古建设兵团一师一团基耕站旧址

磴口内蒙古建设兵团一师一团基耕站旧址
模具车间

磴口内蒙古建设兵团一师一团基耕站旧址维修车间

磴口内蒙古建设兵团一师一团基耕站旧址位于巴彦淖尔市磴口县，为典型的建设兵团建筑。建于1970年，为原内蒙古建设兵团一师一团使用。由铸件车间、模具车间、机修车间、车库、办公室区、库房等建筑构成。铸件和模具车间，均为拱顶式建筑，形式独特，整体格局尚存。

文/摄影：巴彦淖尔市磴口县普查办

磴口内蒙古建设兵团一师一团基耕站旧址铸件车间

耳沁尧毛主席纪念碑

耳沁尧毛主席纪念碑北面

耳沁尧毛主席纪念碑东面碑文

耳沁尧毛主席纪念碑南面

耳沁尧毛主席纪念碑西面

　　耳沁尧毛主席纪念碑位于包头市土默特右旗九峰山管委会耳沁尧村北，建于1976年，占地面积约64平方米。纪念碑南面写"伟大的领袖和导师毛泽东主席永垂不朽"；东面写"高举毛主席伟大旗帜为建设社会主义现代祖国而奋斗！"；西面写"继承毛主席遗志，把毛主席开创的无产阶级革命事业进行到底！"；北面写"毛主席永远活在亿万人民心中"。纪念碑高约12米，保存状况一般，南面水泥脱落严重。

文/摄影：包头市上默特右旗普查办

牙克石大桥

牙克石大桥位于呼伦贝尔市牙克石市胜利街道办事处胜东居委会通河东街市殡仪馆东南50米。建成于1977年10月22日，大桥为东西走向，横跨市区东郊扎墩河。长138、宽9.3、高11米，载重140吨；为钢筋混凝土浇筑，四洞拱桥。两侧立柱间隔1米，为钢筋混凝土浇筑。大桥两端有用钢筋混凝土浇筑桥头柱各两个，正面刻写"牙克石大桥"，南北两侧刻有"艰苦奋斗、奋发图强"和"世上无难事，只要肯攀登"字样。大桥目前仍在使用。

文／摄影：呼伦贝尔市牙克石市普查办

牙克石大桥东侧入口

牙克石大桥西侧入口

牙克石大桥北立面

牙克石大桥南立面

马道桥清真寺

马道桥清真寺位于巴彦淖尔市临河区城关镇增光村 10 组，临陕公路南 200 米。民国初期，由穆斯林人士张占良等集资兴建，原建在马道桥西北 300 米处，占地面积 150 平方米，有礼拜堂、水房、宿舍。后搬迁至永济渠东北 500 米处。1983 年，由马少汉、张占良等筹划捐资，于城关镇增光村 10 组重新兴建。由礼拜堂、讲堂、水房、宿舍等组成，为四合院式布局，东西长约 75、南北宽约 63 米。门厅为六开间马脊梁顶房屋，中间为通道；厢房为四开间马脊梁顶房屋；礼拜堂坐西向东，为二层建筑，可容纳近 800 余人做礼拜。门厅、礼拜堂两侧有 3 米 × 3 米圆顶正方形八檩立柱，高 9 米，上刻有"望月楼"、"宣礼楼"字样。整个寺院雕筑精细，巍峨壮观，具有伊斯兰建筑风格。

文／摄影：巴彦淖尔市临河区普查办

马道桥清真寺礼拜堂

马道桥清真寺正面全景

辉河鄂温克牧民传统民居

辉河鄂温克牧民传统民居

　　辉河鄂温克牧民传统民居位于鄂温克自治旗辉河苏木温工托海嘎查辉河北岸。鄂温克语称该类民居为"本本朱"，汉语意思是"圆形房子"。民居为一圆形土屋，形状类似蒙古包，土坯砌成，高约2、直径约5米，里面为一通间，中间有火炉，东北角有炕。木制门窗，门朝南，东南、西南、正西方向各开一窗。此民居已经废弃，无人居住。

文：鄂温克博物馆
摄影：安永明

大架子滩总理视察点

大架子滩总理视察点位于锡林郭勒盟多伦县多伦诺尔镇新民村大架子滩，浑善达克沙地南缘，距北京直线距离约180公里。周边89.2%的土地沙化、草场退化、水土流失，恶劣的生态环境严重制约着当地社会经济的可持续发展。2000年5月12日，国务院朱镕基总理亲临多伦县视察防沙治沙工作，在大架子滩做出了"治沙止漠、刻不容缓；绿色屏障、势在必建"的重要指示。以"治多伦一亩沙地，还北京一片蓝天"为重点进行全面社会造林、小流域治理，对个别自然村进行了生态移民整体搬迁。此处已经成为多伦县沙源治理工程的一个具有纪念意义的标志性地点。

文／摄影：锡林郭勒盟多伦县普查办

大架子滩总理视察点

哲里木盟会盟地

哲里木盟会盟地位于兴安盟科尔沁右翼中旗吐列毛杜镇吐列毛杜嘎查吐列毛杜艾里。清康熙四十九年（1710年）始设盟建制，因首次会盟于图什业图旗（今科尔沁右翼中旗）北部的哲里木山脚下而称为哲里木盟。会盟地平面呈圆形，占地面积5300平方米。中央一个大敖包代表盟，底部直径5、高6米；10个小敖包环绕大敖包一周，代表10个旗，底部直径近2、高2米。大敖包与各小敖包间距约30米，10个小敖包间距也为30米。每三年举行一次会盟，会盟时各旗札萨克集会，检阅户骑武装，处理诉讼、议事、选举，并举办那达慕，以及进行物资交流等活动，清廷还派遣官员亲临检阅。

自1710年至1931年的221年间，这里历经60余次会盟活动，为该地区社会稳定、经济发展、民族融合作出了重要贡献。20世纪50年代曾因治水当地奴图克将石头全部拆除，2000年旗政府在原址上重建。

文／摄影：兴安盟科尔沁右翼中旗普查办

哲里木盟会盟地全景

哲里木盟会盟地局部

哲里木盟会盟地局部

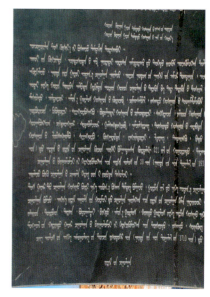

哲里木盟会盟地碑文

特格音敖包群

特格音敖包群

特格音敖包群济萨房

　　特格音敖包群位于鄂尔多斯市乌审旗苏力德苏木塔来音乌素嘎查万补，是与蒙古族古老的萨满教有着渊源关系的地区性敖包。该敖包不隶属于乌审旗任何一个苏木，也不属于任何宗族，而是由陶利、新庙、塔来音乌素、乌丁柴达木等地的僧俗群众及商家边客，为了自己的畜群繁殖、财源茂盛而祭祀的土地神敖包。每年农历五月十三祭祀。该敖包祭祀以丰盛著称，每次祭祀参加者可达500～600人，献40～50只全羊秀斯。

文／摄影：鄂尔多斯市乌审旗普查办

兴安敖包群

兴安敖包群远景

兴安敖包群近景

　　兴安敖包群位于兴安盟科尔沁右翼中旗吐列毛杜镇坤都冷工作部兴安敖包嘎查东兴安敖包艾里南500米的山上。敖包群于山脉顶部呈"一"字形排列，共24座，是科右中旗规模最大的敖包群。敖包大小不一，高1.32～1.57、底径1.12～1.36米；间距不等，一般在8～10米之间。

　　文／摄影：兴安盟科尔沁右翼中旗普查办

后 记

　　根据内蒙古自治区第三次全国文物普查领导小组办公室的工作部署，设在自治区文物考古研究所的自治区第三次全国文物普查项目办公室，经过历时五个月的努力，编写了《内蒙古自治区第三次全国文物普查新发现》一书。

　　该书的编写，得到了自治区文化厅、文物局、博物院、文物考古研究所各级领导的支持。各盟市、旗县普查办予以密切配合，他们提供了基础性的文字和图片资料。在此，均表示诚挚的谢意！

　　由于编撰时间较紧，条目较多，有不妥和错误之处敬请指正。

编　者

2010 年 9 月